Martin Jander

BERLIN (OST) 1945–1990

Historische Reiseführer durch die DDR

mitteldeutscher verlag

Der Verlag und der Autor freuen sich über Ihre Hinweise:
info@mitteldeutscherverlag.de

Haftungsausschluss
Die Angaben in diesem Reiseführer wurden gewissenhaft überprüft. Für die Aktualität, Korrektheit und Vollständigkeit übernimmt der Autor keine Haftung. Der Autor distanziert sich aus rechtlichen Gründen von allen Inhalten der aufgeführten Internetseiten. Auf aktuelle und zukünftige Gestaltung, die Inhalte oder Urheberschaft der angeführten Internetseiten hat der Autor keinen Einfluss.

Redaktionsschluss: 27. April 2015

Umschlagfoto vorn: Ost-Berlin, Straße Unter den Linden (von links): Zeughaus, Dom, Fernsehturm, Palast der Republik und Palais Unter den Linden (Kronprinzenpalais), 1983 (© ullstein bild – Lehnartz)
Umschlagfotos hinten (von oben): am AlliiertenMuseum, Eingang zur Gedenkstätte KZ Sachsenhausen; Ernst-Thälmann-Denkmal; Liegestühle am Ampelmann-Restaurant (Fotos: Martin Jander)

Bibliografische Information der Deutschen Nationalbibliothek
Die Deutsche Nationalbibliothek registriert diese Publikation in der Deutschen Nationalbibliografie; detaillierte bibliografische Daten im Internet unter http://d-nb.de.

Gesamtherstellung: Mitteldeutscher Verlag, Halle (Saale)
Karte: Anneli Nau (www.nau-kartographik.de)

ISBN 978-3-95462-445-4

Printed in the EU

BERLIN (OST) 1945–1990

INHALT

BESONDERE ORTE 7

ÜBERSICHTSKARTE BERLIN 10

ZU BEGINN 13

VERANSTALTUNGEN: TERMINE UND ORTE 16

BERLIN (OST) 1945–1990 22

Befreiung 22 • Gründung 48 • Abschottung 76 • Agonie und Aufbruch 118 • Auflösung 136

CHRONIK: DDR UND BERLIN (OST) 152

SERVICE 172

Übernachtung 173 • Gastronomie 174 • Erlebnis 178

GLOSSAR 187
REGISTER 188
ABBILDUNGSNACHWEIS 190
ZUM AUTOR 191

BESONDERE ORTE

A Gedenkstätte und Museum KZ Sachsenhausen (S. 24)

Am 22./23. April 1945 wurde das KZ Sachsenhausen von Truppen der Roten Armee befreit. Mehr als 200.000 Menschen wurden hier während des Nationalsozialismus terrorisiert, etwa 50.000 umgebracht. Von 1945 bis 1950 nutzte der sowjetische Geheimdienst die Gebäude als „Speziallager".

B Deutsch-Russisches Museum (S. 26)

Am 8. Mai 1945 unterschrieben die Spitzen der Wehrmacht in Berlin-Karlshorst die Kapitulation. Das Haus beherbergt heute, einmalig in der Bundesrepublik, eine Ausstellung zum Vernichtungskrieg Deutschlands gegen die Sowjetunion. Es dokumentiert auch, wie 1945 der Krieg nach Berlin zurückkam.

C Schloss Cecilienhof (S. 28)

Als die Alliierten sich im Sommer 1945 in dem unzerstörten Schloss Cecilienhof in Potsdam trafen, gingen sie noch davon aus, Deutschland in Zukunft gemeinsam zu verwalten. Ein Sieg über den Nationalsozialismus wäre ohne das Bündnis des Westens mit Stalin nicht möglich gewesen. Der Kalte Krieg hatte noch nicht begonnen.

D Karl-Marx-Allee (S. 54)

Auf der früheren Stalinallee baute die DDR in den 50er Jahren ihre Idee eines modernen Sozialismus. Heute wirkt die Straße ein wenig wie aus der Welt gefallen. Am Rosengarten begegnet der Besucher dem spontanen Aufstand vom 17. Juni 1953. Wer ganz dicht herantritt, findet im Café Sibylle auch noch ein Ohr der früher an der Straße stehenden Stalin-Statue.

E Erinnerungsstätte Marienfelde (S. 57)

Von 1949 bis 1990 verließen etwa 4 Mio. Menschen die DDR. Über 1 Million davon kamen zunächst im Lager Marienfelde in West-Berlin an, wo sie zunächst untergebracht waren und ihre Aufenthaltsgenehmigung beantragten. Die Erinnerungsstätte erzählt ihre Geschichten.

Grab von Anna Seghers auf dem Dorotheenstädtischen Friedhof

F Gedenkstätten Brecht/ Weigel und Anna Seghers (S. 59)

Einige von den Nationalsozialisten vertriebene linke Autoren kehrten nach dem II. Weltkrieg nach Deutschland, in die DDR, zurück. Sie kamen schon bald im Kalten Krieg an und glaubten mit der DDR das „andere Deutschland" verteidigen zu müssen. Die Wohnungen von zwei der bedeutendsten Rückkehrer, Bertolt Brecht und Anna Seghers, kann man besichtigen.

G Gedenkstätte der Sozialisten (S. 50)

Die Gründer der KPD, Rosa Luxemburg und Karl Liebknecht, waren nach ihrer Ermordung auf dem Zentralfriedhof Friedrichsfelde beerdigt worden. Nicht weit von ihnen wurden Jahre später die DDR-Lenker Walter Ulbricht und Otto Grotewohl bestattet. Der Staatsfriedhof der DDR ist ein besonderer Ort. Die Traditionen der SED waren vielfältiger, als die Partei das selbst wahrhaben wollte.

H Berliner Mauerweg (S. 78)

Ohne den Bau der Mauer im August 1961 wäre die DDR möglicherweise viel früher kollabiert. Auf dem Berliner Mauerweg kann man mit dem Fahrrad die ganze Strecke der ehemaligen Grenze, ungefähr 160 Kilometer, befahren. Man kommt dabei an den wichtigsten Erinnerungsorten – u. a. der Bernauer Straße, dem Checkpoint Charlie und der East-Side-Gallery – vorbei. Außerdem entdeckt man die vielen Geschichten der Mauer-Opfer.

I Ministerium für Staatssicherheit (S. 64, 95)

Ein wichtiges Instrument zur Unterdrückung der Bevölkerung in der DDR war das Ministerium für Staatssicherheit, die „Stasi". Protestierende Bürger haben ihre Büros und Gefängnisse 1989/90 auch in Ost-Berlin gestürmt. Die frühere Hauptverwaltung des Ministeriums, heute Stasi-Museum, und sein zentrales Untersuchungsgefängnis in Hohenschönhausen kann man heute besichtigen.

An der Gedenkstätte Hohenschönhausen

J Jugendwiderstandsmuseum (S. 133)

Nach der Niederschlagung des Aufstandes vom 17. Juni 1953 und dem Bau der Mauer schien es lange für Betrachter außerhalb der DDR so, als sei sie eine Gesellschaft ohne sichtbare Widersprüche. Dieses Museum in der Galiläakirche, das vor allem jugendliche Opposition der 70er und 80er Jahre im Umkreis der protestantischen Kirche vorstellt, zeigt, dass dies nicht so war.

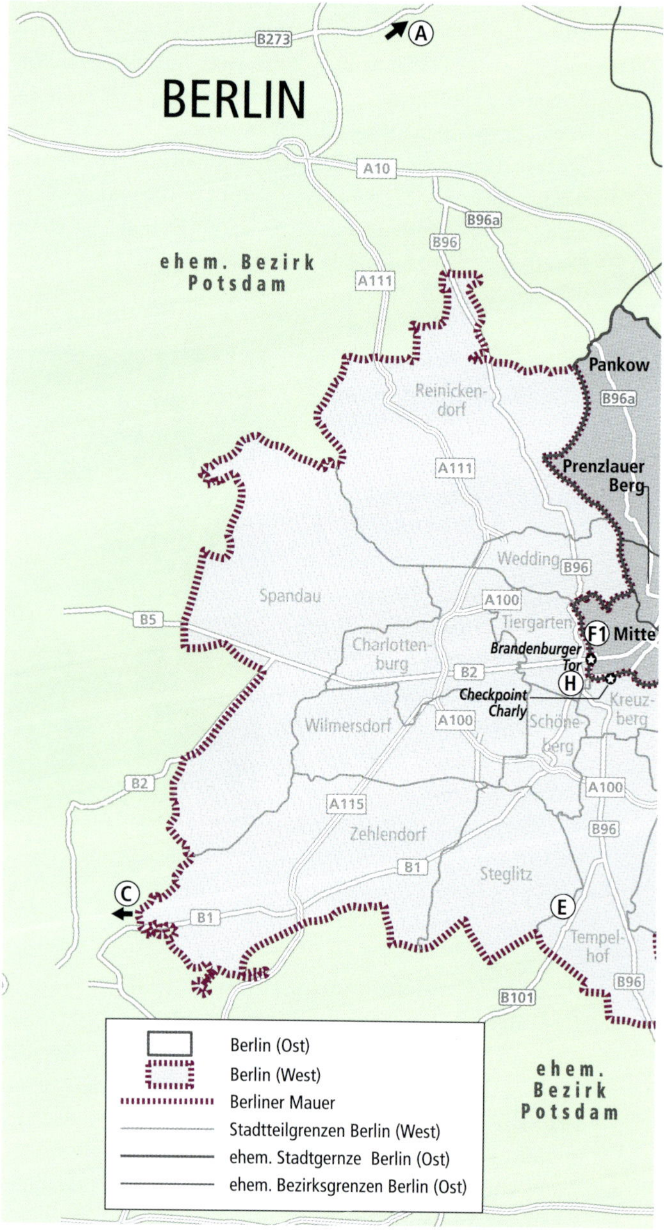
BERLIN
B273
A
A10
B96a
B96
A111
ehem. Bezirk Potsdam
Pankow
Reinicken-dorf
Prenzlauer Berg
Wedding
Spandau
B5
A100
Tiergarten
F1 Mitte
Charlotten-burg
Brandenburger Tor
B2
H
Checkpoint Charly
Kreuz-berg
Wilmersdorf
Schöne-berg
A115
Zehlendorf
B1
Steglitz
C
E
Tempel-hof
B101
Berlin (Ost)
Berlin (West)
Berliner Mauer
Stadtteilgrenzen Berlin (West)
ehem. Stadtgernze Berlin (Ost)
ehem. Bezirksgrenzen Berlin (Ost)
ehem. Bezirk Potsdam

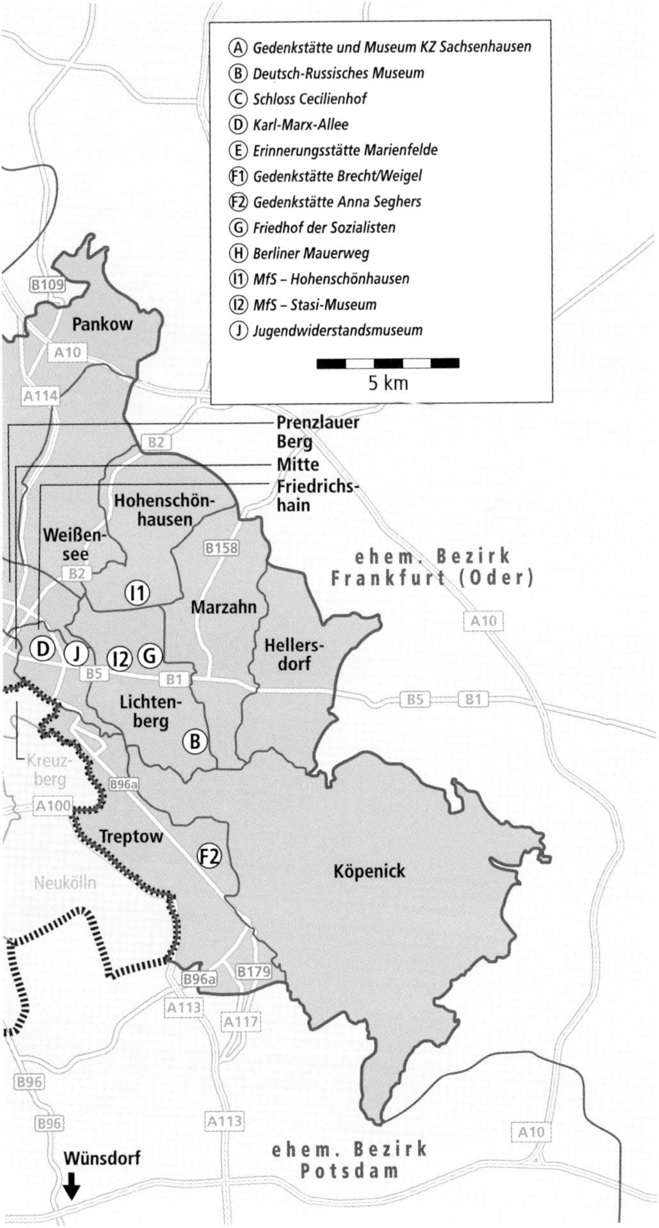

Ⓐ Gedenkstätte und Museum KZ Sachsenhausen
Ⓑ Deutsch-Russisches Museum
Ⓒ Schloss Cecilienhof
Ⓓ Karl-Marx-Allee
Ⓔ Erinnerungsstätte Marienfelde
F1 Gedenkstätte Brecht/Weigel
F2 Gedenkstätte Anna Seghers
Ⓖ Friedhof der Sozialisten
Ⓗ Berliner Mauerweg
I1 MfS – Hohenschönhausen
I2 MfS – Stasi-Museum
Ⓙ Jugendwiderstandsmuseum
5 km
B109
Pankow
A10
A114
Prenzlauer Berg
Mitte
Friedrichs-hain
B2
Hohenschön-hausen
Weißen-see
B158
ehem. Bezirk Frankfurt (Oder)
I1
Marzahn
Hellers-dorf
D J I2 G
B5
B1
Lichten-berg
B
Kreuz-berg
B96a
A100
Treptow
F2
Köpenick
Neukölln
B179
A113
A117
B96
Wünsdorf
ehem. Bezirk Potsdam

ZU BEGINN

Berlin ist nicht unbedingt besonders schön, aber unendlich interessant. Die Stadt hat vielerlei ganz verschiedene Gesichter und Geschichten, sie ist eine europäische Metropole. Was Berlin neben vielen anderen Dingen so interessant macht, ist das Über- und Durcheinander verschiedener historischer Epochen und das Miteinander unterschiedlichster Lebensentwürfe. Das Berlin, das vier Jahrzehnte die „Hauptstadt der DDR" war, gibt es nicht mehr. Es ist aufgegangen in Berlin, der Hauptstadt der Bundesrepublik Deutschland. Viele der Spuren der „Hauptstadt der DDR" aber kann man noch finden.

Dieser Stadtführer soll seinen Nutzern die Chance eröffnen, ganz dicht an die DDR heranzutreten, sich viele verschiedene Aspekte dieser Gesellschaft zu erschließen. Für viele Erfahrungen mit und in der DDR gibt es keine authentischen oder musealisierten Orte. Hier kann man sich nur durch Lektüre Zugang verschaffen. Es wurden deshalb auch Hinweise auf wichtige Autoren und Politiker eingefügt, deren Analysen, Romane oder Erinnerungen DDR-Erfahrungen nachvollziehbar machen.

Eine umfassende Geschichte der DDR und Ost-Berlins entsteht mit diesem Büchlein nicht. Viele verschiedene, mal kleinere, mal größere Orte und Geschichten werden an einem lockeren roten Faden mehr oder minder chronologisch aneinandergereiht. Man kann diesen Geschichten Schritt für Schritt folgen, aber auch jeder Geschichte oder Person einzeln nachgehen.

Die ersten Augenöffner für den Autor bei der Erkundung Ost-Berlins und der DDR waren Freunde, die er als Geschichtsstudent aus West-Berlin im Ost-Berlin der siebziger Jahre kennenlernte. Sie gehörten zu der damals sehr kleinen Gruppe von Dissidenten, die aus dem ziemlich grauen und kalten Ost-Berlin, der harschen Diktatur sowjetischen Typs in deutschen Farben, dem von einigen Beobachtern zum

Fotoreporter vor der Ehrentribüne in der Karl-Marx-Allee während der Parade zum 40. Jahrestag der Gründung der DDR am 7. Oktober 1989

„langweiligsten Land der Welt" ernannten Staat eine bunte Republik bauen wollten. Solche DDR-Dissidenten aus ganz unterschiedlichen Motiven hat es in und außerhalb der DDR von Anfang an gegeben. Ein großer Teil ihrer Vorstellungen scheiterte, aber die Diktatur brach dann doch zusammen.

Ein Augenöffner für den Leser dieses Reiseführers könnte ein Verkehrsmittel sein, das es nur noch in der östlichen Hälfte Berlins gibt: die Straßenbahn. In Berlin heißt sie „Tram". In den 60er Jahren wurden Straßenbahnen in West-Berlin so gut wie abgeschafft, der Autoverkehr forderte sein Recht. In Ost-Berlin fährt die Straßenbahn aber nach wie vor. Überall wo es heute in Berlin noch Straßenbahnen gibt, war Berlin die Hauptstadt der DDR. Einen ersten Eindruck von dem, was in diesem Buch verhandelt wird, erhält der Berlin-Besucher deshalb auf ganz unnachahmliche Weise, wenn er sich zunächst einfach einen Streckenplan der Straßenbahnen der Berliner Verkehrsgesellschaft von der Internetseite der BVG (www.bvg.de) herunterlädt und dann an einem beliebigen Punkt in eine der vielen Trams oder Metro-Trams, die besonders schnell sind, einsteigt. Einen Ort, wo Berlin noch so aussieht, wie es bis zum Fall der Mauer ausgesehen hat, gibt es natürlich nicht mehr. Wer aber nach einer ausgedehnten Fahrt auf allen möglichen Strecken der Straßenbahn an der Ecke Wilhelminenhofstraße/Edisonstraße aussteigt und sich Zeit für einen Spaziergang durch Oberschöneweide nimmt und dabei viel fotografiert, der fängt an zu verstehen.

Im Literaturforum des Brecht-Hauses finden regelmäßig Veranstaltungen zur DDR-Geschichte statt

VERANSTALTUNGEN: TERMINE UND ORTE

Die Geschichte der untergegangenen DDR und insbesondere ihre fortwirkende Bedeutung für heute sind heftig umstritten. Der Streit um dieses Erbe hat jährlich einige zentrale Daten, an denen er besonders deutlich hörbar wird. Um diese Termine herum finden häufig Diskussionsveranstaltungen, Debatten, Zeitzeugengespräche und viele andere Dinge statt.

Termine

Das erste Datum dieser Art ist der Sonntag, der jährlich dem **15. Januar** am nächsten liegt. Als die DDR noch existierte, wurde an diesem Tag das ehrende Gedenken an die am 15. Januar 1919 ermordeten Gründer der KPD, Rosa Luxemburg und Karl Liebknecht, mit einer Demonstration zu ihren Gräbern in Berlin-Lichterfelde begangen. Ein Ehrentag ist dieser Tag heute nicht mehr, die Demonstration zu den Gräbern von Luxemburg und Liebknecht gibt es aber nach wie vor.

Das zweite Datum ist der **8. Mai**. Von 1950 bis 1967 war der 8. Mai in der DDR ein gesetzlicher Feiertag. In der alten Bundesrepublik wurde die bis heute umstrittene Bezeichnung „Befreiung" erst durch eine Rede von Bundespräsident Weizsäcker zum 8. Mai 1985 hoffähig. Bis heute flammt der Streit um diese Erinnerung am 8. Mai auf.

Ein weiterer Termin, an dem der Streit um die DDR besonders hörbar ausgetragen wird, ist der **17. Juni**. An diesem Tag fand im Jahr 1953 der spontane Aufstand in der DDR statt, der blutig niedergeschlagen wurde. Lange Jahre, bis 1990, war der Tag in der Bundesrepublik Deutschland ein Feiertag. Verschiedene Verbände von DDR-Opfern und mit ihnen

verbundene Historiker wollen diesen Tag erneut zu einem Nationalfeiertag und einem internationalen Gedenktag des Widerstandes gegen den Kommunismus machen.
Noch ein Datum, in dessen Zusammenhang über die DDR und den Umgang mit ihrem Erbe gestritten wird, ist der **23. August**. An diesem Tag im Jahr 1939 schlossen Hitler und Stalin einen Pakt und teilten in einem Zusatzabkommen Polen untereinander auf. Der Tag wird insbesondere in osteuropäischen Staaten als Erinnerung an die Opfer von Nationalsozialismus und Stalinismus begangen. In ihren Augen sind beide Regime miteinander gleichzusetzen.
Einer der Termine, an denen regelmäßig über den Untergang der DDR und seine Bedeutung für die vereinigte Republik debattiert und gestritten wird, ist der **3. Oktober**, der Nationalfeiertag der Bundesrepublik Deutschland. Am 3. Oktober 1990 trat die DDR dem Grundgesetz der Bundesrepublik Deutschland bei und löste sich damit als eigenständiges Staatswesen auf.
Ein anderes Datum, in dessen Zusammenhang über die DDR und den Umgang mit ihrem Erbe gestritten wird, ist der **9. November**. Im Zusammenhang mit diesem Datum fanden bis 1989 vorwiegend in der alten Bundesrepublik Gedenkfeiern in Erinnerung an das Pogrom von 1938 statt. Seit dem Ende der DDR finden in Erinnerung an die Maueröffnung in der Nacht vom 9. November auch Gedenkveranstaltungen in der neuen Bundesrepublik zum Untergang der DDR statt.

Veranstalter, Informationen

Auch jenseits dieser fünf Daten finden um das Erbe der DDR und die Frage, wie damit umzugehen sei, rege Kontroversen statt. Verschiedene Institutionen sind mit ihrer Aufarbeitung beschäftigt. Da ist z. B. der **Christoph Links Verlag** zu erwähnen, dessen Buchprogramm stark von Titeln und Autoren geprägt ist, die sich mit der DDR beschäftigen. Die jeweils aktuellen Termine für die Buchvorstellungen finden sich auf der Internetseite des Verlages (www.christoph-links-verlag.de) in der Rubrik „Veranstaltungen/Termine".

Der **Metropol Verlag** publiziert zwar vornehmlich Titel, die sich mit der Geschichte des Nationalsozialismus beschäftigen, führt in seinem Programm jedoch ebenfalls Bücher, die von der Aufarbeitung der DDR-Geschichte geprägt sind. Auf der Internetseite des Verlages (www.metropol-verlag.de) finden Sie unter der Rubrik „Veranstaltungen" Hinweise zu den Terminen der aktuellen Buchvorstellungen.

Viele der Bücher des Metropol-Verlages werden im **Literaturforum des Brecht-Hauses** (www.lfbrecht.de/content) vorgestellt. Das Literaturforum bietet daneben viele interessante Veranstaltungen, die um die DDR und vornehmlich ihre Literatur kreisen.

Wichtige Veranstaltungen zur Aufarbeitung der DDR finden Sie auch auf der Internetseite der Forschungseinrichtung **Zentrum für Zeithistorische Forschung** in Potsdam. Die Analyse der DDR war zu Beginn einer der Schwerpunkte des Zentrums. Mittlerweile decken die Forschungen, Publikationen und Veranstaltungen ein sehr viel weiteres Spektrum ab (www.zzf-pdm.de, Rubrik „Veranstaltungen").

Eine weitere Institution, die sich mit der Aufarbeitung der DDR beschäftigt, ist das **Institut für Zeitgeschichte**, das ursprünglich lediglich in München beheimatet war, nun aber auch über eine Außenstelle in Berlin verfügt. Das Institut lädt von Zeit zu Zeit zu öffentlichen Veranstaltungen ein (www.ifz-muenchen.de/das-institut/standorte/forschungs abteilung-berlin/veranstaltungen).

Das größte Archiv zur Geschichte politischer Dissidenten in der DDR wird von der **Robert-Havemann-Gesellschaft** verwaltet. Das Archiv ist im malerischen Bezirk Prenzlauer Berg, in der Schliemannstraße 23, untergebracht. Die Gesellschaft organisiert häufig auch interessante Diskussionsabende. Die Hinweise zu diesen Veranstaltungen finden sich auf der Internetseite der Gesellschaft: www.havemann-gesellschaft.de.

Natürlich setzt sich auch die Nachfolgerin der SED, die Partei Die Linke, mit der DDR und ihrer eigenen Vergangenheit auseinander. Solche Veranstaltungen werden häufig von der Stiftung der Partei, der **Rosa-Luxemburg-Stiftung**, durchgeführt (www.rosalux.de/veranstaltungen.html).

Da viele der Vertreter der DDR-Opposition aus der protestantischen Kirche und ihrem Umfeld kamen, setzt sich auch die Evangelische Akademie intensiv mit diesem Thema auseinander. Die **Evangelischen Akademie Berlin** führt dazu Seminare und Veranstaltungen durch (www.eaberlin.de)

Eine besonders wichtige Einrichtung für die Auseinandersetzung mit der DDR ist die Behörde des **Bundesbeauftragten für die Unterlagen des Staatssicherheitsdienstes der ehemaligen Deutschen Demokratischen Republik** (BStU), die von vielen Menschen nach ihrem ersten Leiter, dem heutigen Bundespräsidenten, Joachim Gauck einfach „Gauck-Behörde" genannt wird. Die Gebäude des Ministeriums für Staatssicherheit wurden nach der Maueröffnung im Herbst 1989 von Bürgern gestürmt und besetzt, später aufgelöst. Die Weiterführung der Stasi und die bereits begonnene Vernichtung der Akten wurden damit unmöglich gemacht. Später entstand daraus die BStU. Aktuelle Veranstaltungen der Behörde sind auf der Internetseite der Behörde (www.bstu.bund.de, Rubrik „Veranstaltungen und Ausstellungen") unter der Rubrik „Veranstaltungen und Ausstellungen" abrufbar. Die BStU verwahrt das **Archiv des Ministeriums für Staatssicherheit** (MfS). Wenn Sie überprüfen wollen, ob über Sie selbst Akten von der Stasi geführt wurden, dann sollten Sie einen Antrag auf Akteneinsicht bei der Behörde stellen. Alle notwendigen Informationen dazu finden sich ebenfalls auf der Internetseite der BStU (www.bstu.bund.de, Rubrik „Akteneinsicht") unter der Rubrik

Aktenschränke im BStU-Archiv in der Normannenstraße

„Akteneinsicht". Die BStU verfügt zudem über eine sehr gute **Bibliothek** (Karl-Liebknecht-Straße 31/33), in der sehr viel Spezialliteratur zum Ministerium für Staatssicherheit, aber auch zu anderen Themen, die mit der DDR und ihrer Geschichte zusammenhängen, vorgehalten wird. Die Bibliothek bedient zwar vorwiegend die Bedürfnisse der Mitarbeiter, steht aber fachlich interessierten Personen offen (www.bstu.bund.de, Rubrik „Wissen").

Beim **Landesbeauftragten für die Stasi-Unterlagen** in Berlin erhalten die Menschen Unterstützung, die in der DDR von Polizei, Justiz und Stasi verfolgt wurden und jetzt Hilfe suchen. Auch diese Einrichtung lädt häufig zu Veranstaltungen ein. Ein Veranstaltungskalender findet sich auf der Internetseite der Einrichtung (www.berlin.de/lstu/) unter der Rubrik „Veranstaltungen".

Eine weitere bedeutsame Institution, die sich mit der Aufarbeitung der DDR-Geschichte beschäftigt und dazu eine große Anzahl von öffentlichen Veranstaltungen anbietet, ist die **Bundesstiftung Aufarbeitung**. Sie ging aus den zwei Enquetekommissionen des Deutschen Bundestages hervor, die sich 1990 bis 1994 („Aufarbeitung von Geschichte und Folgen der SED-Diktatur") und 1994 bis 1998 („Überwindung der Folgen der SED-Diktatur im Prozess der deutschen Einheit") mit der Aufarbeitung der DDR beschäftigten. Ein Kalender der aktuellen Veranstaltungen ist auf der Internetseite der Stiftung (www.bundesstiftung-aufarbeitung.de) unter der Rubrik „Veranstaltungen" einsehbar.

Auch ein Dachverband von Opfervereinigungen, die **Union der Opferverbände kommunistischer Gewaltherrschaft** (UOKG) und ihre Mitgliedsverbände, führt Veranstaltungen durch. In dem Verband haben sich nach dem Untergang der DDR Organisationen aus der alten Bundesrepublik, wie zum Beispiel der Bund der Vertriebenen, und Opferselbsthilfegruppen mit Bezug zur DDR, wie zum Beispiel der „Frauenkreis der ehemaligen Hoheneckerinnen", zusammengeschlossen. Die Veranstaltungen dieser Gruppen werden auf der Internetseite der UOKG (www.uokg.de) unter der Rubrik „Veranstaltungshinweise" veröffentlicht.

Ein Soldat der Sowjetarmee verteilt Suppe an Berliner Einwohner, Mai 1945

BEFREIUNG

Die Geschichte Berlins nach dem Krieg beginnt wie die aller Städte des ehemaligen Deutschen Reiches lange vor der Kapitulation, sie beginnt noch während des Nationalsozialismus. Man kann sich diese Voraussetzungen zum Verständnis der DDR und damit auch Ost-Berlins von verschiedenen Orten aus erlaufen. Keiner davon gibt den vollen Blick. Sie erhalten lediglich verschiedene Ausschnitte, die aber haben es in sich.

Während man deutschen Vernichtungskriegern auf dem Rückzug und sowjetischen Soldaten auf ihrem Vormarsch, geschundenen KZ-Häftlingen und Zwangsarbeitern, Remigranten, den Teilnehmern der Potsdamer Konferenz und vielen anderen mehr begegnet, taucht man gleichzeitig in die Welt des entstehenden Kalten Krieges ein, der die Stadt 1948 politisch und administrativ, noch nicht jedoch physisch teilte. Die DDR und Ost-Berlin entstanden in diesen Jahren, Ost-Berlin war ihr politisches, kulturelles und administratives Zentrum.

Wer eine Chronik der Ereignisse sucht, der kann ans Ende dieses Stadtführers blättern. Wem das zu knapp ist, der muss sich (antiquarisch) noch andere Quellen besorgen, z. B. den sehr informativen Band von Axel Steinhage und Thomas Flemming mit dem Titel „Berlin 1945–1989“ (Argon Verlag, 1995). Er enthält eine Doppelchronik der Geschichten von Ost- und West-Berlin. Man kann natürlich auch zu dem wesentlich unhandlicheren Titel „Berlin-Handbuch. Das Lexikon der Bundeshauptstadt“ (FAB-Verlag, 1992) greifen, der inzwischen preiswert erhältlich ist. Eine Ausstellung zur Geschichte der ganzen Stadt nach dem Nationalsozialismus gibt es nicht wirklich. Für einen ganz schnellen Überblick eignet sich jedoch die Abteilung „Nachkriegszeit und Teilung“ im Museum „The Story of Berlin“ am Kurfürstendamm.

The Story of Berlin • Kurfürstendamm 207–208 • 10719 Berlin • Tel. 030 88720100 • www.story-of-berlin.de • Mo.–So. 10–20 Uhr

Gedenkstätte und Museum Sachsenhausen (Oranienburg)

Am 22. und 23. April 1945 wurde das Konzentrationslager Sachsenhausen von Truppen der Roten Arme befreit. Mehr als 200.000 Menschen wurden hier während des Nationalsozialismus terrorisiert, Zehntausende wurden umgebracht. Lediglich etwa 3.000 Häftlinge konnte die Rote Armee bei ihrer Ankunft befreien. Kurz vorher hatte die SS noch Tausende auf einen Todesmarsch getrieben.

Das KZ Sachsenhausen war *das* KZ für die Stadt Berlin. Vielen Berlinern sowie Menschen aus allen Ländern, die von der deutschen Wehrmacht besetzt wurden, ist es in schmerzlicher Erinnerung. Die weitaus größte Anzahl der Häftlinge des KZ war aus den besetzten Ländern hierher verschleppt worden. Das Lager ist im Sommer 1936 errichtet worden und hatte als Modell- und Schulungslager eine besondere Rolle im deutschen KZ-System. Hier befand sich auch die „Inspektion der Konzentrationslager“, die für die zentrale Verwaltung aller KZ im Deutschen Reich zuständig war.

Seit Kriegsbeginn hatten die Häftlinge entweder in Fabriken Berlins oder in dem nahe gelegenen Klinkerwerk Zwangsarbeit geleistet. Wie viele Menschen umgebracht wurden oder umkamen, ist bis heute ungesichert. Von den Lagern, die von Buchenwald aus mit Häftlingen und Zwangsarbeitern beliefert wurden, viele von ihnen in Berlin, ist keines musealisiert.

Eingang des KZ Sachsenhausen

Die sowjetischen Behörden richteten auf dem Gelände des KZ nach dem Krieg ein Internierungslager ein, eines von mehreren „Speziallagern“ in der sowjetischen Besatzungszone. Unter dem Vorwurf, aktive Nazis oder militante Gegner sowjetischer Besatzungspolitik zu sein, wurden in Sachsenhausen bis 1950 mehr als 60.000 Menschen, zumeist ohne Verurteilung und ohne Kontakt zu ihren Angehörigen, festgehalten. Etwa 12.000 kamen durch Kälte, Hunger und Krankheiten um.

Die DDR-Gedenk-Architekten in Sachsenhausen plädierten für den Abriss der noch übrigen Häftlingsbaracken, um so die Überwindung der Naziherrschaft zum Ausdruck zu bringen. In den Mittelpunkt des KZ-Geländes stellten sie bei der Eröffnung der Gedenkstätte 1961 einen riesigen Obelisken mit roten Winkeln, dem Zeichen für die politischen Häftlinge. Der Abriss der Baracken schuf nicht nur Platz für Aufmärsche, er hatte auch zur Folge, dass das jeweils einzelne Schicksal der Häftlinge für den Besucher nur noch sehr schwer nachvollziehbar wurde.

Die Gedenkstätte Sachsenhausen, so wie sie in der DDR aussah – in Umrissen ist sie heute auf dem Gelände noch sichtbar, im Museum der Gedenkstätte sind ihre Strukturen dokumentiert –, kann als gutes Abbild des offiziellen Antifaschismus der DDR gelten. Etwas verkürzt gesagt kannte dieser Antifaschismus die Vernichtung der europäischen Juden kaum, die Verschleppung der vielen Menschen aus allen Ländern Europas war eher unwichtig. Im Zentrum seiner Erzählung standen Kampf und Leiden der inhaftierten Kommunisten.

Die Gedenkstätte und das Museum Sachsenhausen versuchen heute die vielen Menschen und Geschichten, die in der DDR-Gedenkstätte unsichtbar waren, wieder einzufügen. Sie verleihen diesen Verschwundenen, die die DDR-Architektur zum Schweigen verdammt hatte, erneut Stimme und Gesicht. In verschiedenen dezentralen Ausstellungen wird dabei zum Beispiel auch die Beziehung des KZ zur Stadt Oranienburg erzählt. Eine eigene Ausstellung macht zudem das Schicksal der nach 1945 meist ohne Anklage und die Möglichkeit zur Verteidigung internierten Menschen sichtbar. Die Ausstellung dokumentiert, dass diese Internierten keineswegs pauschal als „Faschisten" anzusehen waren, wie sie immer dann, wenn alles Leugnen der Existenz dieser Lager nicht mehr half, von der Staats- und SED-Propaganda bezeichnet wurden.

Gedenkstätte und Museum Sachsenhausen • Straße der Nationen 22 • 16515 Oranienburg • Tel. 03301 200200 • www.stiftung-bg.de/gums/de • 15. März–14. Okt. Mo.–So. 8.30–18 Uhr, 15. Okt.–14. März Mo.–So. 8.30–16.30 Uhr (Museen Mo. Ruhetag)
Verzeichnis der KZ und ihrer Außenlager: www.deutschland-ein-denkmal.de

Deutsch-Russisches Museum
(Berlin-Karlshorst)

Am 8. Mai 1945 unterzeichneten in Berlin-Karlshorst die Spitzen der deutschen Armee die Kapitulation und wurden anschließend inhaftiert. Das Gebäude beherbergt heute ein Museum. Bei vielen Besuchern heißt die ehemalige Ausbildungsstätte der Wehrmacht einfach „Kapitulationsmuseum".

Das Museum ist aber nicht nur ein Museum, es ist gleichzeitig ein sehr wichtiger historischer Ort der DDR. Nach der Kapitulation wurde das im Krieg nicht zerstörte Gebäude zum Zentrum der Sowjetischen Militäradministration in Deutschland (SMAD). Am 10. Oktober 1949 verlieh General Tschuikow der ersten Regierung der DDR hier die staatliche Souveränität. 1953, während des Volksaufstandes in der DDR, wurden die Mitglieder des Politbüros der SED und ihre Angehörigen hierher in Sicherheit gebracht.

In den Jahren 1967 bis 1994 erinnerte an dieser Stelle das „Museum der bedingungslosen Kapitulation des faschistischen Deutschland im Großen Vaterländischen Krieg 1941–1945“ an den deutschen Krieg gegen die Sowjetunion. Den in der DDR stationierten sowjetischen Soldaten wurden das Martyrium und der Mut ihrer Landsleute geschildert, die für die Niederringung des Nationalsozialismus gekämpft und dafür ihr Leben gegeben hatten. Einige Teile der alten Ausstellung wurden in die neue Ausstellung integriert.

Nach dem Ende der DDR hat eine deutsch-russische Historikerkommission die Ausstellung überarbeitet. Sie zeigt heute ein plastisches Bild des deutschen Vernichtungskrieges und dokumentiert diesen Krieg aus dem Blickwinkel deutscher und sowjetischer Soldaten sowie aus der Perspektive der Zivilbevölkerung. Außerdem dokumentiert die Ausstellung die Beziehungen der DDR zur Sowjetunion. Im Zusammen-

Sowjetischer Panzer im Garten des Deutsch-Russischen Museums

hang einer internationalen Aufgabenverteilung durch die UdSSR baute die DDR stark spezialisierte Industriezweige auf, gleichzeitig erhielt sie Energie und Rohstoffe vorrangig aus der Sowjetunion geliefert. Und sie blieb weiterhin Besatzungsland: Etwa 400.000 sowjetische Soldaten waren nach 1945 auf dem Gebiet der DDR stationiert.
Im Auftrag der sowjetischen Truppen entstanden an verschiedenen Stellen der Stadt Soldatenfriedhöfe und Ehrenmale. Die sowjetischen Truppen hatten Berlin im April 1945 noch vor den westlichen Alliierten erreicht. Das *Ehrenmal im Treptower Park* wurde am 8. Mai 1949 errichtet. Es ist auch die Grabstätte für etwa 7.000 der insgesamt 80.000 sowjetischen Soldaten, die bei der Befreiung Berlins im April und Mai 1945 gefallen sind.

Deutsch-Russisches Museum • Zwieseler Straße 4 • 10318 Berlin • Tel. 030 50150810 • www.museum-karlshorst.de • Di.–So. 10–18 Uhr

Sowjetische Ehrenmale • www.stadtentwicklung.berlin.de/umwelt/stadtgruen/friedhoefe_begraebnisstaetten/de/sowjet_ehrenmale/index.shtml

Schloss Cecilienhof (Potsdam)

Vom 17. Juli bis zum 2. August 1945 fand auf Einladung der Sowjetunion die „Potsdamer Konferenz“ im Schloss Cecilienhof statt. Das Abschlussprotokoll der Konferenz traf allerdings keine Abmachungen zwischen den Alliierten über den Status Berlins und die Besatzungszonen. Sie waren bereits im Herbst 1944 in London getroffen und am 5. Juni 1945 von den Vertretern des Oberkommandos der Anti-Hitler-Koalition in der Niebergallstraße 20 in Berlin-Köpenick unterschrieben worden, wo heute eine Gedenktafel an die „Berliner Erklärung“ erinnert. In Potsdam wurden diese Grundsätze lediglich bestätigt.
Aber in Potsdam einigten sich die USA, Großbritannien und die UdSSR – Frankreich stimmte später den meisten der getroffenen Vereinbarungen zu – auf gemeinsame Grundsätze

Schloss Cecilienhof

der Verwaltung Deutschlands. Von einer getrennten Verwaltung der Besatzungszonen war noch keine Rede. Der Kalte Krieg hatte noch nicht begonnen.
In dem Abkommen heißt es: „Es ist nicht die Absicht der Alliierten, das deutsche Volk zu vernichten oder zu versklaven. Die Alliierten wollen dem deutschen Volk die Möglichkeit geben, sich darauf vorzubereiten, sein Leben auf einer demokratischen und friedlichen Grundlage von neuem wiederaufzubauen. Wenn die eigenen Anstrengungen des deutschen Volkes unablässig auf die Erreichung dieses Zieles gerichtet sein werden, wird es ihm möglich sein, zu gegebener Zeit seinen Platz unter den freien und friedlichen Völkern der Welt einzunehmen."
In Potsdam einigten sich die Alliierten weiterhin darüber, Teile des Deutschen Reiches in den Grenzen von 1937 an die Sowjetunion und an Polen zu geben. Sie stimmten zudem einer Aussiedelung von Deutschen aus Polen, Ungarn und der Tschechoslowakei zu, solange sie „in ordnungsgemäßer und humaner Weise" erfolgt.
Auf einer Tour durch das Schloss Cecilienhof erhält man einen Eindruck von den Räumen, der Konferenz und ihren Beschlüssen. Der Besucher bekommt dabei auch den eigens in einer Moskauer Möbelfabrik hergestellten runden Verhandlungstisch zu sehen. Das Schloss selbst und der wundervolle Schlosspark wurden nach der Potsdamer Konferenz für die Öffentlichkeit zugänglich.
In dem erst 1917 fertiggestellten Bau hatten nach der Abdankung des Kaisers bis ins Jahr 1945 Kronprinz Wilhelm und seine Frau Cecilie gewohnt. 1945 wurde die Familie entschädigungslos enteignet. Anfangs nutzte der Demokratische Frauenbund (DFD) das Gebäude als Schulungszentrum.

Schloss Cecilienhof • Im Neuen Garten 11 • 14469 Potsdam • Tel. 0331 9694200 • www.spsg.de/schloesser-gaerten/objekt/schloss-cecilienhof • April–Okt. Di.–So. 10–18 Uhr, Nov.–März Di.–So. 10–17 Uhr

Gedenktafel zur „Berliner Erklärung" • Niebergallstraße 20 • 12557 Berlin • www.hdg.de/lemo/html/Nachkriegsjahre/DieAlliierteBesatzung/berlinerDeklaration.html

Stefan Heym (10.04.1913–16.12.2001)

Mit dem Ende des Krieges kamen auch einige vertriebene Autoren nach Deutschland zurück. Diejenigen, die in die sowjetische Besatzungszone und spätere DDR zurückkamen, taten dies meist aus der Idee heraus, beim Aufbau eines neuen demokratischen und antifaschistischen Deutschland zu helfen. Einer dieser Remigranten, einer der bedeutendsten Schriftsteller der DDR, war Stefan Heym. Auf den Erkundungen der DDR in Ost-Berlin und seiner Umgebung können Sie sich gut von Büchern Heyms begleiten lassen.

Der 1913 in Chemnitz als Helmut Flieg in eine jüdische Kaufmannsfamilie geborene Heym, der in Berlin das Abitur erlangt hatte und 1933, nach dem Beginn eines Studiums der Journalistik, aus Deutschland zunächst in die Tschechoslowakei und dann in die USA geflohen war, kehrte erst 1953 in die DDR zurück. Er hat in der Emigration sowie nach seiner Rückkehr unzählige Romane publiziert. 1984 veröffentlichte Heym den Titel „Schwarzenberg". Dieses Buch kann man als Beschreibung der später tief enttäuschten Hoffnungen von Remigranten lesen, die sich nach dem Exil für den Osten Deutschlands entschieden hatten, da sie hier auf ein sozialistisches und freies Gesellschaftssystem hofften.

Stefan Heym im Oktober 1989 in der Berliner Erlöserkirche

Heym beschreibt in „Schwarzenberg", das als einer der Ausgangspunkte zur Entdeckung der DDR und Ost-Berlins geeignet ist, die Geschichte des gleichnamigen Ortes im Erzgebirge, der auf Grund einer Panne im Frühjahr 1945

für 42 Tage nicht von den alliierten Armeen besetzt worden war. In dieser Zeit übernahm ein antifaschistischer Aktionsausschuss die Regierungsgewalt in dem Ort. Stefan Heym dokumentiert und erfindet in dem Buch seinen Traum von der Freien Republik Schwarzenberg, seinen Traum von einem sozialistischen und demokratischen Deutschland nach der Befreiung vom Nationalsozialismus.
Im Unterschied zu mehreren anderen Remigranten, die aus der Emigration in westlichen Ländern in die DDR zurückkamen, sie aber später Richtung Westen verließen, blieb Heym in der DDR und wurde einer der wichtigsten oppositionellen Schriftsteller des Landes, der die Existenz der DDR immer wieder verteidigte. Seine Bücher erschienen vornehmlich im westlichen Ausland, einige auch zuerst in der DDR. Neben „Schwarzenberg" beschäftigen sich insbesondere „5 Tage im Juni", der „König-David-Bericht", „Collin" sowie „Die Architekten" direkt und indirekt mit der DDR, mit Macht und ihrem Missbrauch, der jüdischen Tradition sowie dem Stalinismus und seiner Aufarbeitung.
Bei der Bundestagswahl 1994 kandidierte Heym als Parteiloser auf der Liste der Nachfolgepartei der SED, der Partei des Demokratischen Sozialismus, und gewann ein Direktmandat. Im November 1994 hielt Heym traditionell als ältester Abgeordneter des Parlaments die Eröffnungsrede des neu gewählten Bundestages. Die Abgeordneten der CDU/CSU-Bundestagsfraktion verweigerten dieser Rede, mit Ausnahme von Bundestagspräsidentin Rita Süßmuth, den Schlussapplaus. Bundeskanzler Helmut Kohl warf Heym kurz vor der Rede vor, dass er in seinem Leben immer die Fahne nach dem Wind gedreht habe.
Beerdigt wurde der 2001 in Jerusalem gestorbene Schriftsteller auf dem jüdischen Friedhof in Berlin-Weißensee. Viele seiner Bücher findet man in der Stefan-Heym-Bibliothek im Stadtbezirk Treptow-Köpenick.

Stefan-Heym-Kabinett in der Stefan-Heym-Bibliothek • Dörpfeldstraße 56 • 12489 Berlin • Tel. 030 902975731 • www.sbtk.de/web/bibliotheken.php?bid=5 • Mo./Di., Do. 11–19 Uhr, Fr. 11–17 Uhr • Biographie: www.stefan-heym.de

Gedenk- und Begegnungsstätte Leistikowstraße (Potsdam)

Nach der Potsdamer Konferenz im Juli und August 1945 wurden in Potsdam etwa 100 Häuser von der Sowjetischen Militäradministration requiriert und zum Sperrgebiet „Militärstädtchen Nr. 7" umgewandelt. Unter diesen Häusern war auch ein Pfarrhaus in der Leistikowstraße 1.

Im Keller und im Erdgeschoss dieses Hauses entstanden 36 Haftzellen. Fenster wurden bis auf schmale Schlitze zugemauert. Sichtblenden verhinderten jede Kontaktaufnahme mit der Außenwelt. Hier befand sich das von der sowjetischen Spionageabwehr betriebene Untersuchungsgefängnis der SBZ und späteren DDR, das heute eine Gedenk- und Begegnungsstätte ist.

In diesem Gefängnis waren bis in die Mitte der 50er Jahre etwa 1.000 Frauen, Männer und Jugendliche inhaftiert. Der sowjetische Geheimdienst unterstellte die hier Inhaftierten nach ihrer Verurteilung durch ein sowjetisches Militärtribunal entweder in eines der bis 1950 in der SBZ befindlichen „Speziallager" oder direkt in eines der berüchtigten Lager

Eingang der Gedenk- und Begegnungsstätte

des Gulag. Ein Besuch der Gedenkstätte macht deutlich, dass und wie die sowjetische Politik der Entnazifizierung mit politischem Terror verwoben war.
Zwischen 1954 und 1983 waren hier ausschließlich sowjetische Militärangehörige inhaftiert. Seit der Mitte der 80er Jahre wurde das Gebäude als Materiallager genutzt. Die Liegenschaft kam 1994 an die ursprünglichen Eigentümer zurück, die gemeinsam mit „Memorial Deutschland e. V." ein Museum gründeten. Der von Memorial entwickelte Katalog zur Ausstellung kann im Internet aufgerufen werden. Den Katalog der Gedenkstätte erhält man vor Ort. Die Erinnerungen eines Inhaftierten, Bodo Platt, lassen sich im Internet aufrufen.

Gedenk- und Begegnungsstätte Leistikowstraße • Leistikowstraße 1 • 14469 Potsdam • Tel. 03301 810920 • www.gedenkstaette-leistikowstraße.de • Di.–So. 14–18 Uhr • Literatur: Von Potsdam nach Workuta, Ausstellungskatalog von Memorial e. V. (www.von-potsdam-nach-workuta.de); Bodo Platt: Sobirai weschtschi! Pack deine Sachen! Jugendjahre im Gulag, Berlin 2011 (www.berlin.de/lstu/veroeffentlichungen/schriftenreihe.html)

Bücher- und Bunkerstadt Wünsdorf
(Zossen)

Den Übergang eines Teils des untergegangenen nationalsozialistischen Reiches in die sowjetische Besatzungszone und spätere DDR kann man an einem Ort gut nachvollziehen, der außerhalb Berlins in Brandenburg liegt, der heutigen Bücher- und Bunkerstadt Wünsdorf, einem Ortsteil der Stadt Zossen.
Im I. Weltkrieg war Wünsdorf Sitz des Hauptquartiers der Reichswehr. Im II. Weltkrieg residierte hier das Oberkommando der Wehrmacht. Nach dem Ende des Krieges befand sich in Wünsdorf der Sitz des Oberkommandos der Gruppe der Sowjetischen Streitkräfte in Deutschland (GSSD). Die Geschichte des Ortes, der Reichswehr, der Wehrmacht und der Roten Armee wird in zwei sehenswerten kleineren Aus-

stellungen dargestellt und auf verschiedenen Bunkertouren erörtert.
Der Ort ist auch interessant, da er mehrere größere Buchantiquariate beherbergt, in denen der Besucher sehr viel Literatur aus der DDR findet und darüber hinaus die Buchbestände, die deutsche Wohnzimmer sonst noch zu bieten haben. Der Untergang des Nationalsozialismus, die Befreiung durch die alliierten Armeen und die Entstehung zweier separater deutscher Staaten und einer geteilten Stadt Berlin sind mit unzähligen wertvollen, aber leider ebenso oft zweifelhaften Buchtiteln vertreten.

Tourismus GmbH der Bücher- und Bunkerstadt Wünsdorf • Zehrensdorfer Straße 12 • 15806 Zossen • Tel. 33702 9600 • www.buecherstadt.com/de

Garnisonsmuseum • Tel. 033702 9600 • Di.–So. 10–17 Uhr

Bunkertouren • www.buecherstadt.com/de/bunker

Hermann Weber (* 23.08.1928)

Leider kann man auf den Wegen der aus dem Exil nach Berlin kommenden späteren Funktionäre der KPD und SED nicht wirklich laufen. Ihre Orte existieren, sie sind aber meist nicht musealisiert. Man kann ihren Wegen aber nachspüren, indem man sich Bücher des 1928 in Mannheim geborenen

Hermann Weber im Jahr 2002

Historikers Hermann Weber besorgt. Weber, zu dieser Zeit westdeutsches KPD-Mitglied, studierte 1947–1949 unter dem Decknamen „Hermann Wunderlich“ an der Parteihochschule „Karl Marx“ der SED. Die Parteihochschule war in der Hackeburg etwas außerhalb Berlins untergebracht und kann, in einem etwas verwilderten Park gelegen, heute nur von außen besichtigt werden.

Hermann Weber wurde nach dem Parteistudium an der Parteihochschule Chef-, dann Kulturredakteur des „Jungen Deutschland“, der Zeitung der Freien Deutschen Jugend in der Bundesrepublik. 1951 wurde er auf Druck von Erich Honecker, dem Vorsitzenden der FDJ in der DDR, wegen mangelnder Würdigung eines Stalin-Telegramms abgesetzt. Drei Jahre später wurde er auch aus der KPD ausgeschlossen und trat daraufhin in die SPD ein. Nach einem Studium in Marburg und Mannheim sowie Promotion und Habilitation war Weber von 1975 bis 1993 Professor für politische Wissenschaften und Zeitgeschichte in Mannheim und verfasste zahlreiche ausgezeichnete Bücher über die DDR und die Geschichte des deutschen sowie internationalen Kommunismus. Er gilt als der wichtigste Historiker zur Geschichte der DDR.

Wer den Spuren der ersten Jahre der KPD direkt nach dem Ende des Krieges nachgehen möchte, der besorgt sich am besten die beiden autobiographischen Bücher von Hermann Weber „Damals, als ich Wunderlich hieß“ (2002) und „Leben nach dem Prinzip links“ (2006) und stattet der in Kleinmachnow bei Berlin gelegenen Hackeburg einen Besuch ab, in der bis 1945 das Nazi-Postministerium residierte und danach die SED-Parteihochschule untergebracht war. Später wohnten hier als Gäste der DDR auch Nikita Chruschtschow und Jassir Arafat. Zurzeit steht das Gebäude leer.

Einer der Lehrer an der Parteihochschule war der später in den Westen geflüchtete Wolfgang Leonhard. Er war, als Junge mit seiner Mutter ins Exil nach Moskau geflohen, 1945 mit Walter Ulbricht nach Deutschland zurückgekehrt. In seinem 1955 erschienenen Buch „Die Revolution entlässt ihre Kinder“ erfährt man ebenfalls viele wichtige Dinge über die nach Deutschland aus der Emigration zurückkehrenden Kommunisten.

Hackeburg • Zehlendorfer Damm 18 • 14532 Kleinmachnow • www.politische-bildung-brandenburg.de/publikationen/pdf/hakeburg.pdf

Admiralspalast (Berlin-Mitte)

Am 21. und 22. April 1946 fand im Theatersaal des Admiralspalastes – zu dieser Zeit Ausweichspielstätte der Deutschen Staatsoper – die Zwangsvereinigung von SPD und KPD zur Sozialistischen Einheitspartei (SED) statt. Sie war ein erster wichtiger Schritt auf dem Weg zu einer eigenständigen DDR. Der Ort an dem sie stattfand, das traditionsreiche Vergnügungszentrum Admiralspalast, existiert noch.

Man vergegenwärtigt sich diese Vereinigung von SPD und KPD am besten anhand der Biographie von Otto Grotewohl. Der spätere Ministerpräsident der DDR (1949–1964) hat entscheidend dazu beigetragen, dass sich Teile der sozialdemokratischen Partei in der sowjetischen Besatzungszone davon überzeugen ließen, mit der KPD zusammenzugehen. Sein Handschlag mit Wilhelm Pieck (KPD) auf dem Vereinigungsparteitag, der die Fusion der Parteien besiegelte und der als Fotografie weit verbreitet wurde, gerann später zum Symbol der SED.

Der für den Vereinigungsparteitag geschmückte Admiralspalast

Der in Braunschweig geborene spätere Buchdrucker, der nach der Rückkehr aus dem I. Weltkrieg eine Karriere in der SPD machte, die ihn bis in die Reihen der Reichstagsfraktion der SPD trug, wurde 1933 seiner

Ämter enthoben und schlug sich im Nationalsozialismus als Lebensmittelhändler durch. 1938 war er wegen Hochverrats vor dem Volksgerichtshof angeklagt; Grotewohl gehörte einer sozialdemokratischen Widerstandsgruppe an. Das Verfahren wurde jedoch eingestellt. 1945 entzog er sich der Einziehung in den Volkssturm und tauchte unter.
Am 17. Juni 1945 unterschrieb Grotewohl gemeinsam mit Erich Gniffke, Max Fechner und Gustav Dahrendorf den Gründungsaufruf der SPD in der sowjetischen Besatzungszone. Er war auch anwesend bei der Gründung der SPD in den westlichen Zonen am 5. bis 7. Oktober 1945 in Wennigsen. Ob SPD und KPD fusionieren sollten, war innerhalb der SPD heftig umstritten. Grotewohl war ursprünglich kein Freund davon. Die alten Mitglieder der SPD konnten sich noch gut daran erinnern, wie sie am Ende der Weimarer Republik von den Kommunisten als „Arbeiterverräter" und „Sozialfaschisten" beschimpft und bekämpft worden waren. Manche der neuen Mitglieder der SPD, ehemalige Kommunisten, erinnerten sich auch daran, wie viele von ihnen im sowjetischen Exil den Säuberungen Stalins zum Opfer gefallen waren.
Die Mitglieder der SPD in Berlin wurden am 31. März 1946 befragt, ob sie mit der KPD fusionieren wollten. In den Ostbezirken Berlins wurde diese Urabstimmung von den sowjetischen Behörden untersagt. Die an der Abstimmung teilnehmenden Mitglieder der SPD entschieden sich mit 80 Prozent ihrer Stimmen gegen eine sofortige Vereinigung. Otto Grotewohl hingegen stimmte dem Vorschlag der Vereinigung zu. Bislang ist nicht richtig geklärt, wie die sowjetische Militäradministration Druck auf ihn ausüben konnte. Appelle von Sozialdemokraten aus den westlichen Besatzungszonen, die SPD in der sowjetischen Besatzungszone lieber aufzulösen, statt sich mit der KPD zu verbinden, verhallten ungehört.
Die Vereinigung war letztlich nur durch massiven Druck in der sowjetischen Besatzungszone durchsetzbar. Zwischen Dezember 1945 und Frühjahr 1946, so der Sozialdemokrat Erich Ollenhauer 1961, wurden dort ca. 20.000 Sozialdemokraten, die sich der Vereinigung widersetzten, gemaßregelt,

inhaftiert oder gar getötet. In den siebziger Jahren teilte die westdeutsche SPD dem ZK der SED mit, etwa 5.000 ihrer ehemaligen Parteigenossen seien inhaftiert worden. Faktisch war mit der Vereinigung von SPD und KPD in der sowjetischen Besatzungszone die Sozialdemokratie als eigenständige Kraft aufgelöst worden.
Wer die Geschichte der Teilung der Stadt und der Zwangsvereinigung von SPD und KPD als einem Schritt dorthin mit den Augen von Sozialdemokraten verfolgen will, die sich der Zwangsvereinigung entzogen, der muss zur Biographie über Ernst Reuter, den späteren Bürgermeister West-Berlins greifen, die 1957 von Willy Brandt und Richard Löwenthal verfasst wurde („Ernst Reuter – Ein Leben für die Freiheit", Kindler Verlag).

Admiralspalast • Friedrichstraße 101 • 10117 Berlin • www.admiralspalast.de

Zollernhof (Berlin-Mitte)

Am 17. März 1946 wurde die Freie Deutsche Jugend, die Jugendmassenorganisation der DDR, gegründet. Erster Vorsitzender der Organisation war der spätere SED-Chef Erich Honecker. Obwohl laut Gründungsbeschluss überparteilich, entwickelte sich die Organisation schnell zu „Kampfreserve der SED", wurde praktisch deren Nachwuchsorganisation und sollte, parallel zu anderen Bildungseinrichtungen, Jugendliche zu „sozialistischen Persönlichkeiten" formen. Das Besondere dieser Organisation war, dass bei ihrer Gründung vor allem der nationalsozialistisch erzogenen Jugend, den ehemaligen Mitgliedern der Hitler-Jugend (HJ) und des Bundes Deutscher Mädel (BDM), die Chance gegeben werden sollte, sich von den alten Ideologien abzuwenden und sich beim Wiederaufbau Deutschlands zu bewähren.
Das Symbol der Organisation war eine aufgehende Sonne, die den Aufbruch in eine neue Welt versprach. Den Titel ihres Presseorgans „Junge Welt", die Zeitung existiert bis heute, hatte die FDJ von der gleichnamigen Reichszeitschrift

Im Pionierpark „Ernst Thälmann", 1979

der Hitler-Jugend übernommen. 1946 gehörten 16 Prozent der DDR-Jugendlichen der Organisation an, 1989 waren es 88 Prozent.

Von der Organisation findet sich eine Spur im Stadtbild Berlins am „Zollernhof“, dem heutigen Hauptstadtstudio des Zweiten Deutschen Fernsehens. Hier waren früher die Büros der FDJ untergebracht. Eine Plakette am Gebäude erinnert an die Organisation.

Eine weitere Spur der FDJ wird meistens nicht als eine solche wahrgenommen: der frühere Pionierpalast. Anlässlich des ersten Deutschlandtreffens der Jugend vom 27. bis 30. Mai 1950, das die FDJ ausrichtete, hatten auf dem Gelände des Volksparks Wuhlheide 20.000 Jugendliche ihre Zeltquartiere bezogen. Später entstand hier der Pionierpark „Ernst Thälmann“.

Seit 1979 war die Hauptattraktion dieses Parks der Pionierpalast „Ernst Thälmann“. In dem 1983 von Hans Prang und Horst Günter Kleinschmidt veröffentlichen Ost-Berlin-Stadtführer „Durch Berlin zu Fuß“ werden die Hauptattraktionen der Einrichtung folgendermaßen beschrieben: „Für alle Bereiche des Pionierlebens gibt es hier Raum. Kultursäle, ein riesiges Foyer mit Ausstellungen und gastronomischen Einrichtungen, zahlreiche Räume für die unterschiedlichsten Arbeitsgemeinschaften, eine Sporthalle und eine Schwimmhalle wurden geschaffen.“ Den Pionierpalast gibt es noch, in ihm residiert heute das „FEZ-Berlin“, ein Kinder-, Jugend und Familienzentrum.

Zollernhof • Unter den Linden 36–38 • 10117 Berlin
FEZ-Berlin • Straße zum FEZ 2 • 12459 Berlin • Tel. 030 530710 • www.fez-berlin.de

Erich Loest (24.02.1926–12.09.2013)

Wer die Geschichte von Jugendlichen verstehen möchte, die im Nationalsozialismus aufwuchsen und sich direkt nach dem Krieg in der FDJ oder der SED organisierten, muss zu den Büchern von Erich Loest greifen. Der 1926 in Mittweida geborene Loest stellte 1944 den Antrag, in die NSDAP aufgenommen zu werden. Seine Aufnahme in die SS scheiterte nur am Widerspruch seines Schuldirektors. Erich Loest wurde für den Partisanenkampf gegen die anrückenden alliierten Armeen trainiert und kam am Kriegsende auch mit einem Trupp Jugendlicher zum Einsatz. Als einer seiner Kameraden erschossen wurde, löste sich der ganze Trupp auf und Erich Loest schlug sich nach Hause durch. Dort wurde er Mitglied der SED und Journalist der „Leipziger Volkszeitung".

Erich Loest

In seinem autobiographischen Schlüsselroman, dem 1981 in Hamburg erschienenen Buch „Durch die Erde ein Riß", spricht Loest ausführlich und sehr anschaulich über die Wandlung vom Jungnazi zu einem späteren Kulturfunktionär der DDR.

Im November 1957 wurde Loest wegen angeblicher konterrevolutionärer Gruppenbildung verhaftet und zu siebeneinhalb Jahren Haft verurteilt. Er wurde zu einem der wichtigen literarischen Dissidenten. Nach seiner Haftentlassung publizierte er eine Reihe von Büchern, siedelte aber wegen heftiger Repressionsmaßnahmen 1981 in die Bundesrepublik über. Loest wurde noch im April 1990 vom Obersten Gericht der DDR rehabilitiert und war von 1994 bis 1997 Vorsitzender des Verbandes deutscher Schriftsteller. Als schönsten Erfolg in seinem Amt bezeichnete er eine Initiative zur deutsch-polnischen Aussöhnung.

Auch viele seiner Bücher kann der Berlin-Besucher als Reisebegleiter bei der nachträglichen Erkundung der DDR lesen. Einer seiner Romane, das 1995 entstandene und auch verfilmte Buch „Nikolaikirche", wurde sehr populär. Loest beschreibt darin die Geschichte der DDR mit all ihren Konflikten als Familiengeschichte.

Die Heimatstadt von Erich Loest, Mittweida, hat dem Schriftsteller eine Ausstellung gewidmet.
Biographie • de.wikipedia.org/wiki/Erich_Loest

Neues Stadthaus (Berlin-Mitte)

Die politische Teilung Berlins, die Teilung seiner Stadtverwaltung, fand im Herbst 1948 als ein von der SED organisierter Putsch statt, der von der sowjetischen Stadtkommandantur legitimiert wurde. Dieser Putsch vollzog sich in mehreren Schritten. Die Orte an denen er stattfand, erläutern seine Geschichte nicht.
Am 20. Oktober 1946 hatten in ganz Berlin, nach der Genehmigung einer vorläufigen Verfassung, Wahlen zur Stadtverordnetenversammlung stattgefunden. 92,3 Prozent der Berliner nahmen an diesen Wahlen teil. Die SPD erhielt 48,7 Prozent der abgegebenen Stimmen, die CDU 22 Prozent, die SED 19,8 Prozent und die liberale LDP 9,3 Prozent. Am 5. Dezember 1946 wählte das Parlament seine Regierung, den Magistrat. Die Stadtverordnetenversammlung und der Magistrat tagten im Neuen Stadthaus.
Differenzen zwischen Alliierten über die Einführung einer Währungsreform führten im Frühjahr und Frühsommer des Jahres 1948 zum Bruch der Viermächteverwaltung des besetzten Deutschland. Am 20. März 1948 hatte der Chef der sowjetischen Militäradministration (SMAD), Marschall Wassili D. Sokolowski, den Alliierten Kontrollrat verlassen. Die Alliierte Kommandantur, die oberste Instanz der Verwaltung Berlins, verließen die Vertreter der Sowjetunion am 16. Juni.
Um Druck auf die Westalliierten auszuüben, hatte die SMAD am 19. Juni mit einer Totalblockade aller Straßen-, Schienen- und Wasserwege von und nach West-Berlin begonnen. Proteste der Westalliierten gegen die Blockade blieben wirkungslos. Deshalb beschloss der amerikanische Militärgouverneur Lucius D. Clay die Versorgung West-Berlins durch eine Luftbrücke zu garantieren. Obwohl die Regierung

Otto Suhr (SPD) wendet sich am 9. September 1948 auf einer Kundgebung vor dem Reichstag gegen die Blockade

der Vereinigten Staaten zunächst skeptisch war, allein die technische Seite des Unternehmens schien kaum durchführbar, stimmte sie dennoch zu. Unzählige amerikanische und britische Flugzeuge versorgten daraufhin die Westsektoren Berlins fast ein ganzes Jahr lang mit allen lebensnotwendigen Gütern.

Am 20. Juni 1948 setzten die Westalliierten in ihren Besatzungszonen eine Währungsreform in Kraft. Die bis dahin noch gültige Reichsmark wurde durch die Deutsche

Mark (DM) ersetzt. Viermächte-Verhandlungen über die Einführung einer eigenständigen Währung in ganz Berlin, der sogenannten „Bärenmark“, scheiterten am Widerstand der Sowjetunion. Am 23. Juni hatte daraufhin auch die SMAD eine Währungsreform für ihr Besatzungsgebiet beschlossen und dem Oberbürgermeister Berlins den Befehl erteilt, diese Währung auch in ganz Berlin einzuführen. Die Westalliierten untersagten dies und führten stattdessen am 24. Juni die DM als Zahlungsmittel in West-Berlin ein.
Über die Frage der Einführung neuer Währungen in Berlin eskalierten die Auffassungen auch in der Stadtverordnetenversammlung. Am 6. September 1948 sprengten kommunistische Demonstranten die Sitzung im Neuen Stadthaus. Schon mehrfach zuvor hatten sie versucht, die Arbeit des Parlaments zu blockieren. Die Polizei schien, trotz Bitten der Abgeordneten, außerstande oder nicht gewillt, die Störer abzudrängen. Der Vorsteher des Parlaments, Otto Suhr, brach am 6. September 1948 die Sitzung ab. Das Stadtparlament tagte zukünftig in Berlin-Charlottenburg im britischen Sektor. Die SED-Abgeordneten weigerten sich jedoch, dort zu tagen, und blieben den Sitzungen fern.
Am 30. November organisierte die SED im Admiralspalast eine außerordentliche Stadtverordnetenversammlung, an der sich jedoch lediglich 26 SED-Mitglieder des gewählten Stadtparlaments und weitere Angehörige von Gewerkschaften und politischen Organisationen beteiligten, die der SED nahestanden. Diese Versammlung beschloss die Absetzung der infolge der Wahlen vom 20. Oktober 1946 zustande gekommenen Stadtregierung und bildete einen „provisorischen demokratischen Magistrat“. Sie wählte Friedrich Ebert, den gleichnamigen Sohn des Reichspräsidenten der Weimarer Republik, zum Oberbürgermeister.
Am 9. September 1948 versammelten sich ungefähr 300.000 Berliner zu einer Protestkundgebung vor der Ruine des Reichstages. Der im Juni von der Stadtverordnetenversammlung Berlins gewählte Bürgermeister Ernst Reuter sprach die bis heute bei Berlinern wohl bekannten Worte: „Ihr Völker der Welt, ihr Völker in Amerika, in England, in

Das Neue Stadthaus an der Parochialstraße

Frankreich, in Italien! Schaut auf diese Stadt und erkennt, daß ihr diese Stadt und dieses Volk nicht preisgeben dürft und nicht preisgeben könnt! Es gibt nur eine Möglichkeit für uns alle: Gemeinsam so lange zusammenzustehen, bis dieser Kampf gewonnen, bis dieser Kampf endlich durch den Sieg über die Feinde, durch den Sieg über die Macht der Finsternis besiegelt ist."

Eine einheitliche Stadtverwaltung gab es am Ende des Jahres 1948 in Berlin nicht mehr. Der auf einer Massenversammlung neu konstituierte Magistrat kam im Neuen Stadthaus zusammen. Die von allen Berlinern gewählte Stadtverordnetenversammlung tagte ohne die SED-Mitglieder zunächst in Charlottenburg, später im Rathaus Schöneberg. Am Admiralspalast erinnert heute keine Plakette oder irgendein anderes Zeichen an die eigentliche Entstehung von Ost-Berlin. Der Beginn der Spaltung der Stadt im Neuen Stadthaus wird immerhin durch eine Pla-

Luftbrückenflugzeug vor dem AlliertenMuseum

kette an der Außenwand des Gebäudes dokumentiert. Die Geschichte und der Ablauf der Berlin-Blockade und der Luftbrücke dagegen sind sehr gut im AlliiertenMuseum dokumentiert, das zum 50. Jahrestag des Beginns der Luftbrücke im Juni 1998 eröffnet wurde.

Berlin-Besucher, die die Geschichte dieses Stadtputsches mit den Augen eines Beteiligten kennenlernen möchten, sollten zu dem Buch „Es ging um Deutschlands Einheit" (1971, Verlag Haude & Spener) von Ferdinand Friedensburg greifen. Friedensburg war seit 1946 stellvertretender Bürgermeister von Berlin.

Neues Stadthaus • Parochialstraße 1–3 • 10179 Berlin • de.wikipedia.org/wiki/Neues_Stadthaus_(Berlin)

AlliiertenMuseum • Clayallee 135 • 14195 Berlin • Tel. 030 8181990 • www.alliiertenmuseum.de • Di.–So. 10–18 Uhr

FDJ im Demonstrationszug am 11. Oktober 1949
zur DDR-Gründung vor der Humboldtuniversität

GRÜNDUNG

Die Geschichte der DDR beginnt mit dem 7. Oktober 1949. An diesem Tag trat in Ost-Berlin der im Mai des Jahres aus der kommunistisch inspirierten Volkskongressbewegung konstituierte 2. Volksrat zusammen. Er erklärte sich zur Provisorischen Volkskammer der DDR und beauftragte Otto Grotewohl mit der Regierungsbildung.

Die Geschichte von Ost-Berlin, der „Hauptstadt der DDR" begann etwas früher. Der sowjetische Stadtkommandant hatte am 2. Dezember 1948 den „provisorischen demokratischen Magistrat" Ost-Berlins – der aus der Spaltung des Stadtverordnetenversammlung Berlins entstanden war – und dessen Oberbürgermeister Friedrich Ebert als das „einzig rechtmäßige Stadtverwaltungsorgan" anerkannt.

Einige Aspekte des neu gebildeten Staates und seiner „halben" Hauptstadt lassen sich gut erlaufen, andere werden weder durch Museen noch durch Denkmale adäquat abgebildet. Insgesamt lässt sich die Zeit bis zum Mauerbau vorwiegend als Geschichte der inneren Erosion der DDR verstehen, der die regierende Partei im Sommer 1961 nur durch den Bau der Mauer Einhalt gebieten konnte.

Es gelang Walter Ulbricht zwar seine innerparteilichen Gegner auszuschalten, er überdauerte auch den Aufstand vom 17. Juni 1953. Was hingegen Ulbricht, seine Partei und ihr Staatssicherheitsdienst nicht aufhalten können, war die massenhafte Abwanderung von vielen DDR-Bürgern. Von ihrer Gründung bis in den Sommer 1961 verließen etwa drei Millionen Menschen die DDR. Viele von ihnen waren jung und gut ausgebildet. Häufig nutzten sie zur Abwanderung aus der DDR das letzte Schlupfloch in der Grenze, die beide deutschen Staaten trennte, Berlin. Da in der DDR damals etwa achtzehn Millionen Menschen leben, war diese Fluchtbewegung die eigentliche Katastrophe des neu gegründeten Staates.

Das Deutsche Historische Museum informiert in seiner Dauerausstellung auch über die beiden Zeitabschnitte 1945–1949 sowie 1949–1994, in der Berlin naturgemäß eine wichtige Rolle spielt.

Deutsches Historisches Museum • Unter den Linden 2 • 10117 Berlin • Tel. 030 203040 • www.dhm.de • Mo.–So. 10–18 Uhr

Zentralfriedhof Friedrichsfelde
(Berlin-Lichtenberg)

Ohne die Geschichte der deutschen Linken und ihrer Spaltung in SPD und KPD nach dem I. Weltkrieg ist die Entwicklung der DDR nicht zu verstehen. Man kann ihr auch durch einen Spaziergang auf dem Zentralfriedhof Friedrichsfelde, dem Staatsfriedhof der DDR, nachspüren. Eine Ausstellung zur Historie des Friedhofs und seiner wichtigsten Gräber findet sich direkt am Eingang zur „Gedenkstätte der Sozialisten".

Führende Sozialdemokraten hatten sich auf diesem als Armenfriedhof entstandenen Areal schon seit dem 19. Jahrhundert beerdigen lassen. Unter ihnen so berühmte Zeitgenossen wie Carl Legien, der Vorsitzende der Generalkommission der sozialdemokratischen Gewerkschaften, und Wilhelm Liebknecht, einer der Mitbegründer der SPD. Als Paul Singer, ein weiterer Mitbegründer der SPD und Mitglied ihrer Reichstagsfraktion, am 5. Februar 1911 auf dem Friedhof bestattet wurde, erlebte Berlin seine größte Trauerfeier. Etwa eine Million Menschen erwiesen dem durch sein Wirken in der jüdischen Gemeinde und im Ber-

Gedenkstätte der Sozialisten auf dem Zentralfriedhof Friedrichsfelde

liner Asylverein für Obdachlose außerordentlich populären Politiker die letzte Ehre.

Nach den Morden an Rosa Luxemburg und Karl Liebknecht am 15. Januar 1919, die beide ebenfalls auf dem Zentralfriedhof Friedrichsfelde beerdigt wurden, begann sich abseits des Grabareals sozialdemokratischer Politiker auch ein Ehrenhain für führende Kommunisten zu entwickeln. Mies van der Rohe schuf für Liebknecht und Luxemburg ein Grabmal, das den Ort ganz ähnlich wie den sozialdemokratischen Gräberhain zu einer Pilgerstätte für Anhänger der KPD in der Weimarer Republik werden ließ.

Beide Gräberhaine waren in der Zeit des Nationalsozialismus zerstört worden. Die zunächst noch einheitliche Stadtverwaltung Berlins hatte Überlegungen angestellt, beide Grabareale getrennt wiederherzustellen. Nach der Zwangsvereinigung von SPD und KPD in der Sowjetischen Besatzungszone, der Spaltung der einheitlichen Stadtverwaltung und der Entstehung beider deutscher Staaten, hatte der von der SED dominierte Ost-Berliner Magistrat entschieden, die Grabareale an einem Ort zu vereinigen. Das eben ist die „Gedenkstätte der Sozialisten" auf dem Friedhof, die am 14. Januar 1951 in Anwesenheit von DDR-Präsident Wilhelm Pieck, Erich Honecker, Friedrich Ebert u. a. eingeweiht wurde. Jährlich am Sonntag, der dem 15. Januar – an diesem Tag wurden 1919 Karl Liebknecht und Rosa Luxemburg ermordet – am nächsten liegt, erfolgt insbesondere durch die Partei Die Linke eine größere Würdigung die hier begrabenen Kommunisten, an deren Gräbern rote Nelken niedergelegt werden. Rosa Luxemburg erhält regelmäßig die meisten Blumen.

Traditionsbewusste Sozialdemokraten Berlins nehmen an diesen Gedenkfeiern nicht teil. Der Zentralfriedhof Friedrichsfelde ist nicht ihr Friedhof. Die wichtigen Repräsentanten der kommunismuskritischen westlichen SPD, für die Namen wie Ernst Reuter und Willy Brandt stehen, sind auf dem Waldfriedhof in Zehlendorf bestattet.

Zentralfriedhof Friedrichsfelde • Gudrunstraße 20 • 10365 Berlin • www.berlin.de/orte/sehenswuerdigkeiten/kategorie/#Friedhof

Förderkreis Erinnerungsstätte der deutschen Arbeiterbewegung Berlin-Friedrichsfelde e. V. • www.sozialistenfriedhof.de
Waldfriedhof Zehlendorf • Potsdamer Chaussee 75–77 • 14129 Berlin • Grabmale: de.wikipedia.org/wiki/Waldfriedhof_Zehlendorf

Paul Merker (01.02.1898–13.05.1969)

Etwas außerhalb der „Gedenkstätte der Sozialisten", am sogenannten „Pergolenweg", findet man das Grab von Paul Merker. Mit dem Namen dieses Mannes verbindet sich ein wesentlicher Konflikt in der DDR, der bis heute nicht wirklich umfassend beschrieben und aufgearbeitet ist. Im Zusammenhang mit der Maßregelung Paul Merkers in den 50er Jahren flohen große Teile der jüdischen Gemeinden der DDR in den Westen.

Der bei Dresden geborene Merker, der im I. Weltkrieg als Soldat diente und in der Weimarer Republik als Mitglied der KPD Parlamentsabgeordneter des Preußischen Landtages war, leitete mit anderen nach 1933 von Frankreich aus die Arbeit der KPD in Nazideutschland. Später floh er nach Mexiko. Dort betätigte er sich als Sekretär des Lateinamerikanischen Komitees „Bewegung Freies Deutschland". Die in Mexiko befindlichen Kommunisten sprachen sich als einzige Gruppe der Exil-KPD für eine umfassende Entschädigung der Juden in Deutschland nach dem Ende des Nationalsozialismus aus. Als Merker aus Mexiko zurückkehrte, wurde er von der SED, er war Mitglied der Parteileitung, noch vor der Gründung der DDR um die Ausarbeitung des Konzepts einer Wiedergutmachung gebeten. Im Zuge der Ausarbeitung wurde der Widerstand innerhalb der SED gegen ein eine solche Wiedergutmachung sehr deutlich sichtbar. Insbesondere die von Merker und seinen Helfern ursprünglich anvisierte Rückgabe des Juden entwendeten Eigentums wurde abgelehnt.

Im Sommer 1950 wurde gegen Paul Merker und andere Personen ein Parteiverfahren eingeleitet. Diese Verfahren standen im Zusammenhang mit Schauprozessen, die sowohl in der Sowjetunion als auch in ihren Sattelitenstaaten gegen

Kommunisten geführt wurden, die sich während des Nationalsozialismus in der Emigration in westlichen Ländern aufgehalten hatten und/oder jüdisch waren. Ihnen wurde unterstellt, während des Nationalsozialismus mit dem amerikanischen Geheimdienst zusammengearbeitet zu haben und nach dem Krieg instruiert worden zu sein, den Sozialismus zu zerstören. Merker wurde im August 1950 aus der Partei ausgeschlossen, im November 1952 verhaftet und mehrere Jahre in Untersuchungshaft gehalten.

Im unmittelbaren Zusammenhang mit der Verhaftung Merkers wurden die öffentlichen Angriffe auf die in der DDR lebenden Juden so heftig, dass sich um die Jahreswende 1952/53 ein größerer Teil von ihnen entschloss, aus der DDR zu fliehen. Die SED führte eine Kampagne gegen „Kosmopolitismus" – gemeint war internationalistisches Verhalten – und „Zionismus" – gemeint war hier immer jüdische Herkunft –, die sie erst Mitte 1953 beendete. Die jüdischen Gemeinden und ihre Mitglieder wurden als Agentur des US-Imperialismus, „zionistische Agenten", „Saboteure" etc. bezeichnet, man behauptete, sie seien der verlängerte Arm der USA und ihrer Politik in der DDR.

Bei fast allen Juden in der DDR wurden Hausdurchsuchungen durchgeführt. Bis März 1953 flohen etwa 556. Unter ihnen der Vorsitzende der Ost-Berliner jüdischen Gemeinde Julius Meyer – er war auch Abgeordneter der Volkskammer der DDR – und die Vorsitzenden der Gemeinden aus Leipzig, Dresden und Erfurt. Auch der größte Teil der Gemeindeverwaltung wurde aus Ost-Berlin nach West-Berlin gebracht. Die Vereinigung der Verfolgten des Nazi-Regimes (VVN), in der viele Juden organisiert waren, wurde in der DDR aufgelöst und durch das „Komitee der antifaschistischen Widerstandskämpfer" ersetzt, in dem der jüdische Einfluss nur noch gering war. Die bis dahin in ganz Berlin gemeinsam organisierte jüdische Gemeinde teilte sich in Ost und West.

Gegen Paul Merker wurde 1953 offenbar nur deshalb kein Schauprozess geführt, weil Stalin im März des Jahres starb. Im Jahr 1955 wurde Merker dann in einem Geheimverfah-

ren vor dem Obersten Gericht der DDR verurteilt, aber bereits 1956 entlassen. Voll rehabilitiert wurde Merker nie. Die Beerdigung außerhalb des inneren Kreises der „Gedenkstätte der Sozialisten“ unterstreicht diese Entfernung aus der Partei auch physisch.
Die dramatische Geschichte der Ereignisse, die mit dem Namen Paul Merker verbunden sind, findet sich zwar in einigen Büchern. Der Historiker Werner Kießling führte mit Paul Merker noch vor dessen Tod viele Gespräche, deren Ausarbeitung er jedoch erst 1994 („Partner im ‚Narrenparadies‘. Der Freundeskreis um Noel Field und Paul Merker“, Dietz Verlag) publizierte. 1998 erschien ein Buch des US-Historikers Jeffrey Herf („Zweierlei Erinnerung. Die NS-Vergangenheit im geteilten Deutschland“, Propyläen) das Merkers Geschichte breit darstellt. Die dramatische Flucht vieler Mitglieder der jüdischen Gemeinden in der DDR ist jedoch bislang noch nicht umfassend beschrieben worden.

Zentralfriedhof Friedrichsfelde • Gudrunstraße 20 • 10365 Berlin • www.berlin.de/orte/sehenswuerdigkeiten/zentralfriedhof-friedrichsfelde/

Biographie • www.deutsche-biographie.de/ppn119258072.html, http://de.wikipedia.org/wiki/Paul_Merker

Karl-Marx-Allee
(Berlin-Mitte/Friedrichshain)

Ein wesentlicher Ort, an dem die DDR der 50er Jahre verstanden werden kann, ist die heutige Karl-Marx-Alle. Seit 1949, dem 70. Geburtstag Stalins, hieß sie Stalinallee. Der Name wurde erst 1961 geändert. Auf der damaligen Stalinallee begann einer der wesentlichen Konflikte des ostdeutschen Staates, der Aufstand vom 17. Juni 1953. Die Straße wurde nicht zufällig Ausgangspunkt der spontanen Rebellion, die die ganze DDR erfasste. Mit der heute immer noch erkennbaren sozialistischen Prachtstraße, die inzwischen unter Denkmalschutz steht, verwirklichte die DDR in den 50er und 60er Jahren ein riesiges Bauprojekt nach sowjeti-

Bauprojekt nach sowjetischem Vorbild: Karl-Marx-Allee

schem Vorbild. Die Straße sollte die Überlegenheit des Sozialismus gegenüber dem Kapitalismus beweisen.

Die Proteste am 16. Juni 1953 begannen in der Nähe des U-Bahnhofes Weberwiese am Weidenweg, direkt am sogenannten Rosengarten, einer kleinen Parkanlage zwischen einigen der Wohnblöcke in der Nähe des U-Bahnhofs Weberwiese. Am Rosengarten selbst erinnert eine kleines Denkmal an den Aufstand und an einen der wichtigen Rufe der Demonstranten: „Wir wollen freie Menschen sein!" Das kleine Denkmal, das von vielen verschiedenen Initiativen, u.a. dem Deutschen Gewerkschaftsbund, in Berlin nach dem Ende der DDR ermöglicht wurde, wurde seitdem leider häufig beschmiert.

Von der Atmosphäre der 50er Jahre in der DDR ist heute kaum etwas zu spüren. Für eine Annäherung eignet sich das „Café Sibylle" in der Karl-Marx-Allee 72. Das 1953 unter dem Namen „Milchtrinkhalle" eröffnete Kaffeehaus führt regelmäßig Veranstaltungen zu DDR-Themen durch und beherbergt zudem eine sehenswerte Ausstellung zur Geschichte der Stalinallee. Sie zeigt, dass die Ursachen des 17. Juni weit vor dem Ereignis selbst lagen.

1952 hatte die SED auf ihrer II. Parteikonferenz einen forcierten Aufbau des Sozialismus beschlossen, dies zog einen verstärkten Ausbau der Schwerindustrie und des Sicherheitsapparates nach sich. Die Arbeitsnormen wurden um 10 Prozent erhöht. Der Lohn aber sollte gleich bleiben. Die

Fassade in der Karl-Marx-Allee

Zahl der Häftlinge stieg rapide, die Zahl der Flüchtlinge ebenfalls. Ein Zusammenstoß mit der gesamten Bevölkerung schien so voraussehbar, dass die KPdSU, die gerade erst am 5. März 1953 den Tod Stalins überwunden hatte, Mitglieder des Politbüros der SED nach Moskau vorlud. Man diktierte Walter Ulbricht Anfang Juni einen „neuen Kurs".
Am 11. Juni publizierte das Politbüro ein Kommuniqué, in dem viele Härten des bisherigen Kurses zurückgenommen wurden und das Eingeständnis enthalten war, dass die SED eine Reihe von Fehlern begangen habe. Eine Zurücknahme der erhöhten Arbeitsnormen allerdings war nicht vorgesehen.
Seit dem 15. Juni kam es auf verschiedenen Baustellen Ost-Berlins zu Arbeitsverweigerungen, Diskussionen und kleineren Demonstrationen. Das Fass zum Überlaufen brachte ein Zeitungsartikel. Ausgerechnet in der „Tribüne", der Zeitung der Staatsgewerkschaft FDGB, war am 16. Juni zu lesen: „Die Beschlüsse über die Erhöhung der Normen sind in vollem Umfang richtig." Um 10.25 Uhr desselben Tages verließen deshalb Bauarbeiter des Blocks 40 der Stalinallee ihre Baustelle und lösten damit einen Aufstand aus, den die DDR ohne das Eingreifen sowjetischer Panzer nicht überlebt hätte.

Denkmal 17. Juni am Rosengarten • Karl-Marx-Allee 105 • 10243 Berlin

Café Sibylle • Karl Marx Allee 72 • 10243 Berlin • Tel. 030 29352203 • www.cafe-sibylle-berlin.de • Mo.–Fr. 10–22 Uhr, Sa./So. 11–22 Uhr

Denkmal 17. Juni am Finanzministerium • Leipziger Straße/Wilhelmstraße • 10117 Berlin.

Erinnerungsstätte Notaufnahmelager Marienfelde (Berlin-Marienfelde)

Bis zum Mauerbau 1961 entschieden sich aus unterschiedlichen Gründen etwa drei Millionen Menschen zur Flucht aus der DDR. Nicht wenige nutzten dazu eines der ganz wenigen Schlupflöcher in der Grenze beider deutscher Staaten, die Stadt Berlin. Nicht wenige dieser Flüchtlinge kamen in dem in West-Berlin eingerichteten Notaufnahmelager Marienfel-

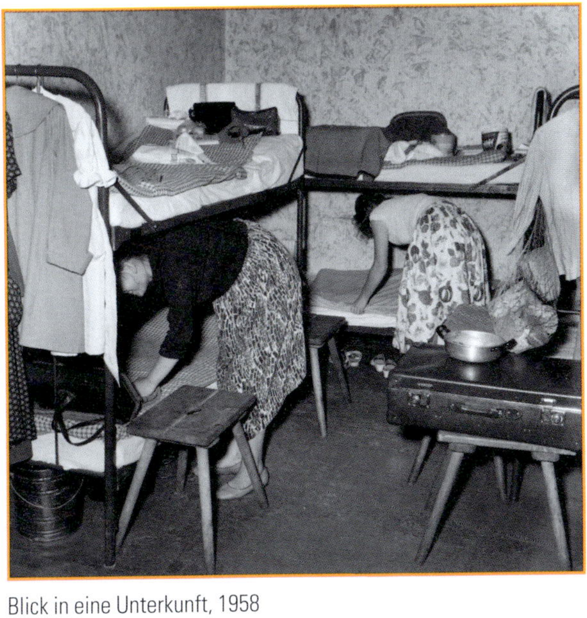

Blick in eine Unterkunft, 1958

de an. Die heutige Erinnerungsstätte erzählt ihre Geschichten und die Geschichte der Konflikte innerhalb der DDR, die sie zur Flucht veranlassten.

Die Verweigerung freier Wahlen und der Meinungsfreiheit, der vorrangige Ausbau der Schwerindustrie, der Aufstand am 17. Juni 1953, die antizionistische und antisemitische Kampagne der SED um die Jahreswende 1952/53, die Niederschlagung des Aufstandes in Ungarn 1956, die Repression gegen die evangelischen Kirchen, die Kollektivierung der Landwirtschaft, die wirtschaftliche Mangelsituation und andere Ereignisse mehr lösten jeweils neue größere und kleinere Fluchtbewegungen aus.

Der Höhepunkt der jährlich registrierten Flüchtlingszahlen lag im Jahr 1953. In diesem Jahr flohen allein 331.390 Menschen. In den meisten anderen Jahren vor dem Mauerbau in Berlin pendelte die Zahl der registrierten Flüchtlinge zwischen 120.000 (1949) und 280.000 (1956). Das Notaufnahmelager entstand 1952/53 und wurde bis zum Mauerbau beständig ausgebaut. Es blieb auch nach 1961 bestehen und wurde für Übersiedler aus der DDR und später auch für Aussiedler anderer Staaten genutzt.

1989 schwoll der Strom der Flüchtlinge aus der DDR erneut gewaltig an. Nach der Maueröffnung wurde das Lager in Marienfelde gestürmt, so dass rasch zusätzliche Gebäude in der Nähe angemietet werden mussten, um der Zahl der DDR-Flüchtlinge in Berlin Herr zu werden. 1993 verließen die letzten DDR-Flüchtlinge das Lager. Bis 2010 wurde es als Zentrale Aufnahmestelle des Landes Berlin für Aussiedler betrieben. Seit Dezember 2010 werden die Gebäude vom Internationalen Bund im Auftrag des Landes Berlin als Übergangswohnheim für Flüchtlinge und Asylbewerber genutzt.In einem Teil der Gebäude ist die sehenswerte Erinnerungsstätte Notaufnahmelager Marienfelde untergebracht, die von der Stiftung Berliner Mauer unterhalten wird.

Erinnerungsstätte Notaufnahmelager Marienfelde • Marienfelder Allee 66/80 • 12277 Berlin • Tel. 030 75008400 • www.notaufnahmelager-berlin.de • Di.–So. 10–18 Uhr

Gedenkstätten Brecht/Weigel und Anna Seghers (Berlin Mitte/Adlershof)

Viele ostdeutsche Remigranten setzten sich bis zu ihrem Lebensende, wenn auch mit Widersprüchen, immer wieder öffentlich für Belange der DDR ein. Zwei besonders eindrückliche Beispiele sind Bertolt Brecht (1898–1956) und Anna Seghers (1900–1983). Brecht kam in Augsburg zur Welt, Anna Seghers in Mainz. Seghers war 1928 der KPD beigetreten, Brecht gehörte weder der KPD noch später der SED an. Beide aber verteidigten zu ihren Lebzeiten mit der DDR das Vermächtnis eines ganz anderen Deutschlands, von dem im Exil nicht nur Kommunisten geträumt hatten.
Die Arbeits- und Wohnräume beider Schriftsteller sind in Ost-Berlin zu besichtigen. Ein besonders eindringlicher Ort ist zudem das Sommerhaus von Bertolt Brecht und seiner Frau Helene Weigel in Buckow, rund 70 Kilometer östlich von Berlin. Brecht schrieb hier die berühmten „Buckower Elegien". Sie zeigen deutlich seine öffentlich nie wirklich artikulierte Zerrissenheit.
Teil der „Buckower Elegien" ist zum Beispiel das Gedicht „Panzereinheit, ich freue mich", das man als einen Kommen-

Anna Seghers auf einer Plenartagung des Deutschen Friedensrats am 11. Dezember 1958, im Hintergrund ein Bildnis Bertolt Brechts

tar zur Niederschlagung des Aufstands am 17. Juni 1953 durch Soldaten der Roten Armee lesen kann. „Panzereinheit“, heißt es da, „ich freue mich, dich schreibend/ Und für den Frieden werbend zu sehen/ Und ich freue mich, daß ihr schreibend/ Und für den Frieden werbend, gepanzert seid.“
Öffentlich positionierte sich Brecht jedoch nicht wirklich kritisch. Er attackierte stattdessen die Bundesrepublik Deutschland als Hort des Imperialismus und der Reaktion. Im Mai 1950 etwa dichtete er anlässlich des von der FDJ organisierten „1. Deutschlandtreffens der Jugend“ in Ost-Berlin: „Hoch zu Bonn am Rheine träumen zwei kleine/ Böse alte Männer, einen Traum von Blut und Stahl./ Zwei böse Greise, listig und leise/ Kochten gern ihr Süpplein am Weltenbrand noch einmal/ Schumacher, Schumacher, dein Schuh ist zu klein,/ In den kommt ja Deutschland gar nicht hinein./ Adenauer, Adenauer, zeig deine Hand/ Um dreißig Silberlinge verkaufst du unser Land.“
In den Arbeits- und Wohnräumen von Bertolt Brecht und Anna Seghers taucht der Besucher in zwei dramatische Lebensgeschichten ein, die von der Flucht aus Nazideutschland, der Emigration und der Rückkehr sowie der Ankunft

Gräber von Bertolt Brecht und Helene Weigel auf dem Dorotheenstädtischen Friedhof

im Kalten Krieg handeln, in der beide Autoren öffentlich die Belange der DDR verteidigen, nicht öffentlich aber deutlich Zweifel an der DDR artikulieren.
Anna Seghers berühmtes Buch „Das Siebte Kreuz“ war zuerst in der Emigration in Mexiko erschienen und von dem ebenfalls emigrierten Walter Janka im Verlag „El Libro Libre“ herausgebracht worden. Das Werk zeigt vor allem, so der Literaturwissenschaftler Manfred Jäger, Seghers „intuitive Kraft, sich in die Gefühlswelt einfacher Leute hinein zu denken“. Es wurde zu dem antifaschistischen Standardwerk in der DDR. In der Bundesrepublik Deutschland erschien es erst in den 60er Jahren.
Auch Anna Seghers beteiligte sich an den meisten der von der DDR betriebenen politischen Kampagnen. 1950 wurde sie Präsidentin der Akademie der Künste der DDR, seit 1952 war sie Präsidentin des DDR-Schriftstellerverbandes. Auch sie artikulierte ihre Kritik an der DDR – nur nicht öffentlich. Als etwa 1956 der nunmehrige Leiter des Aufbau-Verlages Walter Janka verhaftet wurde, verfasste Seghers eine Resolution an das Zentralkomitee der SED. Darin erklärten die Unterzeichner, dass Janka – der mit anderen zusammen angeklagt und verurteilt wurde, weil sie angeblich Walter

Das Grab von Rudolf Bahro

Ulbricht stürzen wollten – ihr Vertrauen genieße. Die Unterzeichner veröffentlichten die Resolution jedoch auch dann nicht, als sie darauf keine Antwort erhielten.

Bertolt Brecht und Anna Seghers sind neben vielen anderen wichtigen Remigranten auf dem Dorotheenstädtischen Friedhof beerdigt. Man kann diesen Friedhof geradezu als *den* Friedhof vieler Remigranten bezeichnen. Hier finden sich aber auch die Grabstätten wichtiger Dissidenten aus der DDR, so z. B. von Rudolf Bahro, ebenso die der von Zeitgenossen als „Mutter der DDR-Revolution" bezeichnete Bärbel Bohley. Das Eintauchen in viele der Lebensgeschichten der hier beerdigten Menschen ist für jeden, der die DDR in den 50er, aber auch späteren Jahren verstehen will, mehr als lohnend.

Brecht-Weigel-Gedenkstätte • Chauseestraße 125 • 10115 Berlin • Tel. 030 200571844 • www.adk.de/de/archiv/gedenkstaetten/gedenkstaetten-brecht-weigel.htm • nur mit Führung: Di.–Sa. ab 10 Uhr, So. ab 11 Uhr

Brecht-Weigel-Haus Buckow • Bertolt-Brecht-Straße 30 • 15377 Buckow • Tel. 033433 467 • www.brechtweigelhaus.de • April–Okt. Mi.–Fr. 13–17 Uhr, Sa./So. 13–18 Uhr, Nov.–März Mi.–Fr. 10–12/13–16 Uhr, Sa./So. 11–16 Uhr

Anna-Seghers-Gedenkstätte • Anna-Seghers-Straße 81, 12489 Berlin • Tel. 030 6774725 • www.anna-seghers.de/gedenkstaette.php • www.adk.de/de/archiv/gedenkstaetten/gedenkstaetten-seghers_vorspruch.htm • Di./Do. 10–16 Uhr und nach Vereinbarung

Dorotheenstädtischer Friedhof • Chauseestraße 126, 10115 Berlin • http://www.berlin.de/orte/sehenswuerdigkeiten/dorotheenstaedtischer-friedhof/ • Mo.–So. ab 8 Uhr

Biographien • www.dhm.de/lemo/biografie/bertolt-brecht • www.anna-seghers.de/

Victor Klemperer (09.10.1881–11.02.1960)

Der Romanist Victor Klemperer ist weltberühmt für seine nach 1945 erschienen Beobachtungen zum Alltag im Nationalsozialismus, die 1947 unter dem Titel „LTI – Notizbuch eines Philologen" zum ersten Mal erschienen. „LTI" steht als Abkürzung für das lateinische Lingua Tertium Imperii, die Sprache des Dritten Reiches. Weniger bekannt ist, dass unter dem Titel „So sitze ich denn zwischen allen Stühlen“ 1999 auch Klemperers Tagebücher über die Zeit nach dem Krieg bis 1959 in der DDR erschienen. Minutiös und unbestechlich schildert er den Alltag der sich vom Nationalsozialismus in den Sozialismus wandelnden Gesellschaft und ihre Alltagssprache, die er LQI (Lingua Quartium Imperii – Sprache des Vierten Reiches) nannte.

Porträt Victor Klemperers von 1946

Der 1881 in Landsberg an der Warthe in einer jüdischen Familie geborene Klemperer studierte Philosophie, Romanistik und Germanistik in München, Paris, Genf und Berlin. 1912 konvertierte er zum Protestantismus. Nach der Promotion arbeitete er als Lektor an der Universität Neapel. 1915 meldete sich freiwillig zum Dienst in der deutschen Armee. Nach dem Krieg wurde Klemperer 1920 auf eine Professur an der Technischen Hochschule in Dresden berufen. 1935 wurde ihm diese Professur auf Grund der NS-Rassegesetze entzogen. Er konnte auch seine wissenschaftliche Arbeit nicht fortsetzen, da ihm als Juden der Besuch von Bibliotheken und das Abonnement von Zeitschriften untersagt waren. Er widmete sich daher dem Schreiben von Tagebüchern, die er ob ihres kritischen Inhalts verstecken musste.
Die Bombardierung Dresdens überstand das Ehepaar Klemperer unbeschadet, das sich anschließende Chaos rettete es vor der Deportation. Nach dem Ende des Krieges trat Klemperer in die KPD ein und beschloss, in der DDR zu bleiben. Seit 1947 war er an den Universitäten Greifswald, Halle und

Berlin tätig. Klemperer wurde 1953 Mitglied der Akademie der Wissenschaften der DDR und war als Vertreter des Kulturbundes 1950–1958 Abgeordneter der Volkskammer.

Biographie • www.soziologie.uni-halle.de/unger/halle/klemperer/ • http://judentum-projekt.de/persoenlichkeiten/geschichte/klemperer/index.html

Gedenkstätte Hohenschönhausen
(Berlin-Hohenschönhausen)

In der DDR gab es bis zu ihrem Ende etwa 250.000 Menschen, die aus politischen Gründen in Haft saßen. Etwa die Hälfte von ihnen wurde verurteilt, noch bevor die Mauer gebaut wurde. Was man gesehen haben sollte, wenn man diese Seite der DDR und Ost-Berlins verstehen will, ist die ehemalige zentrale Untersuchungshaftanstalt des Ministeriums für Staatssicherheit, einer der zentralen Orte politischer Verfolgung in der DDR. Auf den Stadtplänen der DDR war sie nicht verzeichnet. Geduldige Initiativen ehemaliger Häftlinge nach dem Ende der DDR haben dazu geführt, dass das Gefängnis für die Öffentlichkeit zugänglich wurde.

In der DDR waren um die Haftanstalt verschiedene zentrale Diensteinheiten des MfS angesiedelt. Für die Ermittlungen

Eingang zur Gedenkstätte Hohenschönhausen

Zelle im Neubautrakt des ehemaligen Stasigefängnisses

in politischen Verfahren war die Hauptabteilung IX des MfS zuständig. Sie war dem Minister für Staatssicherheit, von 1957 bis 1989 war dies Erich Mielke, unterstellt. Die Hauptabteilung kontrollierte auch die Ermittlungsabteilungen der 15 Bezirksverwaltungen des MfS.
Bis zum Kriegsende 1945 befanden sich auf dem Gelände der heutigen Gedenkstätte eine Großküche der Nationalsozialistischen Volkswohlfahrt und zwei kleine Zwangsarbeiterlager, deren Insassen in benachbarten Firmen arbeiten mussten. Im Juni 1945 richtete die sowjetische Geheimpolizei das sogenannte „Speziallager 3" ein, in dem sie Menschen internierte, die sie als Nazis ansah oder der politischen Arbeit gegen die sowjetische Besatzungspolitik verdächtigte.
Im Jahr 1951 wurde das Gelände von den sowjetischen Behörden an das Ministerium für Staatssicherheit übergeben und von ihm als zentrales Untersuchungsgefängnis fortgeführt. Ende der 50er Jahre ließ man von Häftlingen des nahe gelegenen MfS-Haftarbeitslagers ein neues Zellengefängnis bauen, das für etwa 200 Häftlinge ausgelegt war.
Die Gedenkstätte präsentiert heute verschiedene ständige und Sonderausstellungen. Der Haftort Hohenschönhausen und das System politischer Verfolgung in der DDR werden seit 2013 in einer zentralen Dauerausstellung dargestellt.

Die Besichtigung des ehemaligen Stasi-Gefängnisses ist nur im Rahmen einer Führung möglich.

Gedenkstätte Hohenschönhausen • Genslerstraße 66 • 13055 Berlin • Tel. 030 98608230 • www.stiftung-hsh.de • Mo.–So. 9–18 Uhr

Bruno Sattler (17.04.1898–15.10.1972)

Im Gefängnis Hohenschönhausen wurden nicht nur demokratische Gegner der SED und ihrer Politik inhaftiert und terrorisiert. Hohenschönhausen war auch Aufenthaltsort von hochkarätigen Nationalsozialisten, die auf ein Verfahren warteten. Für einige Zeit saß hier u. a. der Massenmörder Bruno Sattler.

Der 1898 in Berlin-Schmargendorf geborene Sattler hatte im I. Weltkrieg als Kriegsfreiwilliger gedient und beteiligte sich nach seinem Ende an dem ersten Versuch, die junge Republik zu zerstören, dem sogenannten Kapp-Putsch. In den 20er Jahren ging er zur Kriminalpolizei und wurde zuständig für die Beobachtung von Sozialdemokraten, Gewerkschaftern und Kommunisten.

Als die Nationalsozialisten an die Macht kamen, trat Sattler (seit 1931 NSDAP-Mitglied) in die neu gegründete Gestapo ein. In der Folgezeit verfolgte er mit seinen Spitzeln Mitglieder und Anhänger der verbotenen Parteien SPD und KPD. So war er u. a. verantwortlich für die Ermordung von John Schehr am 1. Februar 1934. Im Auftrag seiner Herren verfolgte Sattler auch die Sozialdemokraten und Kommunisten, die ins Ausland fliehen konnten.

Am Vernichtungskrieg gegen die Sowjetunion im Sommer 1941 nahm Sattler als Verbindungsmann zwischen der Wehrmacht und der Einsatzgruppe B teil. Aufgabe dieser Einsatzgruppe war die Ermordung von Juden und Kommunisten in den besetzten Gebieten. Die Gruppe drang bis kurz vor Moskau vor. Später wurde Bruno Sattler nach Belgrad geschickt und setzte die Ermordung von Zivilisten und als „Partisanen“ verdächtigter Menschen fort, u. a. durch den Einsatz eines Gaswagens.

Nach dem Ende des Krieges hatte sich Bruno Sattler unter Tarnung nach Berlin durchgeschlagen und wurde dort von einem Kommando sowjetischer Soldaten, an dem sich angeblich auch Erich Mielke beteiligt haben soll, am 11. August 1947 festgenommen und in verschiedenen Gefängnissen in Ost-Berlin, u. a. in Hohenschönhausen, verhört. Sattler wurde am 3. Juli 1952 in einem Geheimverfahren in Greifswald wegen seiner Gestapotätigkeit zu lebenslanger Haft verurteilt und starb 1972 im Gefängnis Leipzig-Meusdorf. Eine seiner Töchter, Beate Niemann, wuchs in dem Glauben auf, ihr Vater sei ein anständiger Polizist gewesen, und suchte alles in Bewegung zu setzen, ihren Vater aus der Haft zu befreien. Nach dem Ende der DDR begann Niemann in den Archiven der DDR zu recherchieren und fand dabei erst die kriminelle Karriere ihres Vaters heraus. Das von ihr später verfasste Buch „Mein guter Vater. Leben mit seiner Vergangenheit" (4. Aufl. 2013, Metropol-Verlag) ist vor oder nach einem Besuch der Gedenkstätte Hohenschönhausen sehr zu empfehlen.

Biographie • de.wikipedia.org/wiki/Bruno_Sattler

Majakowskiring (Berlin-Pankow)

Die regierende Elite der DDR wohnte bis zum Ende der 50er Jahre am 1950 nach dem russischen Dichter unbenannten Majakowskiring im Stadtteil Berlin-Pankow. Ein Spaziergang vor Ort führt zwar nicht in die Wohnzimmer der Macht, gibt aber doch einen Eindruck von den Lebensverhältnissen.

Das Haus, in dem früher Staatschef Walter Ulbricht wohnte, er zog im August 1945 in den Majakowskiring 28, gibt es heute nicht mehr. Der Nachfolger Ulbrichts, Erich Honecker, ließ es abreißen und auf dem Grundstück ein Gästehaus des Zentralkomitees der SED einrichten. Gegenüber, im Majakowskiring 29, wohnte der erste Staatspräsident der DDR: Wilhelm Pieck. Hier wurde am 5. November 1949 die Nationalhymne der DDR vom Komponisten Hanns Eis-

Ehemaliges Wohnhaus des 1. DDR-Ministerpräsidenten Otto Grotewohl am Majakowskiring 46/48

ler einem ausgewählten Kreis vorgetragen und gleich angenommen.

Erich Honecker wohnte von 1955 bis 1958 im Majakowskiring 58. Die Spitzen des Ministeriums für Staatssicherheit, Erich Mielke und Markus Wolf, bewohnten Häuser in angrenzenden Straßen: Mielke in der Stillen Straße 10, Wolf im Rudolf-Ditzen-Weg 18/20.

Bis zum Tod Ulbrichts 1973 war die Funktionärssiedlung für gewöhnliche Menschen unzugänglich, danach waren Fußgänger erlaubt. Das Politbüro der SED hatte sich zu diesem Zeitpunkt bereits in Wandlitz (außerhalb Berlins) niedergelassen. Insbesondere nach dem Aufstand in Ungarn 1956 fühlte man sich in Pankow nicht mehr sicher.

Die Geschichte der Funktionärssiedlung am Majakowskiring wird in einer sehenswerten Ausstellung in den Torhäusern des Schlosses Schönhausen erzählt, die vom „Zentrum für Zeithistorische Studien“ erarbeitet wurde.

Majakowskiring • Majakowskiring, 13156 Berlin

Ausstellung zum Majakowskiring • Schloss Schönhausen • Ossietzkystraße 44–45 • 13187 Berlin • www.pankower-machthaber.de • Mo.–So. 10–18 Uhr

Funkhaus Grünau und Funkhaus Nalepastraße (Berlin-Karlshorst)

Am Abend des 17. August 1956, in der Bundesrepublik Deutschland war gerade die Kommunistische Partei Deutschlands vom Bundesverfassungsgericht verboten worden, war im Radio zum ersten Mal der Deutsche Freiheitssender 904 (DFS 904) zu hören. Mitglieder der SED aus Ost-Berlin und Kader der in Westdeutschland verbotenen KPD produzierten und verantworteten das Programm.
Hergestellt wurden die Sendungen zunächst im Funkhaus Nalepastraße, später im Funkhaus Grünau. Der Kern der damals gesendeten Ideologie und der Propaganda ist einfach zu verstehen. Prinzipiell wurden die USA, Israel und die Bundesrepublik als „imperialistisch" oder „faschistisch" und „reaktionär" tituliert, die DDR und die Sowjetunion dagegen als „fortschrittlich" und „friedliebend". In der Bundesrepublik, so die Propagandaerzählung, hatte unter dem Schutz der imperialistischen USA die reaktionäre Bourgeoisie ein kapitalistisches Regime neu aufgebaut. In der DDR dagegen hatte mit Unterstützung des Mutterlandes des Sozialismus die Arbeiterklasse und ihre Vorhut eine demokratische Umwälzung durchgeführt und begonnen, den Weg zu einem entwickelten und modernen Sozialismus zu beschreiten.

Ehemaliges Funkhaus Nalepastraße

Ruine des Funkhauses Grünau

An der Nahtstelle des Kalten Krieges, in Berlin, kämpften laut Propaganda Fortschritt und Reaktion beständig miteinander. Folgte man dieser Ideologie, dann hatte nicht die SED 1948 die gewählte Berliner Stadtregierung weggeputscht, sondern reaktionäre Elemente der SPD und der USA hatten den Versuch unternommen, ganz Berlin in ihre Hand zu bekommen. Ebenso war in dieser Sicht der Aufstand am 17. Juni 1953 von reaktionären Elementen des US-Imperialismus ausgelöst worden, und die Mauer hatte gebaut werden müssen, um der Auslösung eines Putsches in der DDR zuvorzukommen, der angeblich von imperialistischen Kräften geplant worden war. Der Propagandasender der DDR wurde kurz nach der Gründung der Deutschen Kommunistischen Partei in der Bundesrepublik im Jahr 1968 geschlossen.

Von der DDR-Propaganda in der Nalepastraße und am ehemaligen Funkhaus in Grünau ist nichts zu sehen und zu hören. Das vom Architekten Franz Ehrlich geplante Funkhaus Nalepastraße steht inzwischen weitgehend unter Denkmalschutz. Einige der Räumlichkeiten werden vom neuen Eigentümer für Ton- und Filmaufnahmen vermietet.

Ab und zu werden Führungen durch die Räume angeboten. Das Funkhaus Grünau, das an einer früher beliebten Segelregattastrecke liegt, wird im Moment nicht genutzt und ist nur von außen zu besichtigen.
Der Berlin-Besucher muss sich daher in Archive begeben oder Bücher lesen. Einen guten Eindruck vermittelt die Kurzgeschichte des Deutschen Freiheitssenders 904, die im Internet abrufbar ist.

Funkhaus Grünau • Regattastraße 277 • 12527 Berlin • funkhaus-gruenau.de • de.wikipedia.org/wiki/Funkhaus_Grünau
Funkhaus Berlin • Nalepastraße 18–50 • 12459 Berlin • Tel. 030 53805406 • www.nalepastraße.de • de.wikipedia.org/wiki/Funkhaus_Nalepastraße
Geschichte des Deutschen Freiheitssenders 904 • freiheitssender.radiohistory.de

S-Bahn-Museum und U-Bahn-Museum (Potsdam/Berlin)

Erste Züge der S-Bahn in Berlin fuhren seit dem 6. Juli 1945 wieder Bis 1961 trennte sich zwar die Stadt immer deutlicher in zwei verschiedene Teile. Die S-Bahn verkehrte aber nach wie vor. Der berühmte S-Bahn-Ring, der sich auch heute noch hervorragend zur Besichtigung der Stadt eignet, hielt die Stadt zumindest verkehrspolitisch zusammen.
Seit der Errichtung zweier Stadtverwaltungen, der Gründung der DDR und der Niederschlagung des Aufstandes vom 17. Juni 1953 wurde die Benutzung der S-Bahn von West-Berlinern immer häufiger boykottiert. In Ost-Berlin blieb die S-Bahn allerdings eines der wichtigsten Verkehrsmittel. Erst mit dem Mauerbau 1961 wurden dann die Ost- und West-Berlin verbindenden Strecken gekappt.
Ein idealer Ort zur nachträglichen Erkundung der Teilung der Stadt und ihrer Folgen ist das S-Bahn-Museum, das direkt am S-Bahnhof Griebnitzsee liegt. Seine Betreiber informieren darüber, wann und wo welche Strecken getrennt wurden, wann sie wieder zusammengeschlossen wurden,

wie genau die S-Bahn-Fahrscheine aussahen und vieles andere mehr.

Das Museum wurde 1997 von Bahn-Fans im S-Bahn-Unterwerk Griebnitzsee in West-Berlin eingerichtet. Seit 1980 hatten sie Material zur S-Bahn gesammelt, vor allem ab 1984, nachdem der Senat die in West-Berlin liegenden Teile der S-Bahn übernommen hatte und durch Umbau- und Modernisierungsmaßnahmen vieles verlorenging

Auch die Geschichte der U-Bahn und ihrer Teilung in Ost und West ist in einem Museum zu besichtigen. Das ebenfalls 1997 gegründete U-Bahn-Museum befindet sich im ehemaligen elektromechanischen Stellwerk Olympia-Stadion und besitzt über 300 Ausstellungsstücke.

Berliner S-Bahn Museum • Rudolf-Breitscheid-Straße 203, 14482 Potsdam • Tel. 030 63497076 • www.s-bahn-museum.de • April–Nov. jeweils 2. Wochenende Sa./So. 11–17 Uhr

Berliner U-Bahn-Museum im U-Bahnhof Olympiastadion • Rossitter Weg 1 • 14053 Berlin • Tel. 030 25627171 • www.ag-berliner-u-bahn.de • jeweils 2. Samstag im Monat 10.30–16 Uhr (letzter Einlass 15 Uhr).

Walter Ulbricht (30.06.1893–01.08.1973)

Ohne ihn, den 1893 in Leipzig geborenen Walter Ulbricht, wäre die DDR anders gewesen. In Ost-Berlin, einer seiner wichtigsten Wirkungsstätten, findet man kaum mehr eine Spur von ihm. Selbst die verschiedenen Elemente des Personenkultes um Ulbricht sind nicht mehr sichtbar. Das 1950 zum Deutschlandtreffen der FDJ im Mai eröffnete Walter-Ulbricht-Stadion, das später Stadion der Weltjugend hieß und an der Chausseestraße lag, gibt es nicht mehr. Auf dem Areal steht jetzt die neue Zentrale des Bundesnachrichtendienstes.

Walter Ulbricht wuchs in Leipzig als Sohn eines Schneiders und seiner Ehefrau auf, beide waren Sozialdemokraten, er selbst begann seine politische Tätigkeit ebenfalls in der SPD. Der gelernte Möbeltischler verfasste zu Beginn des I. Weltkrieges verschiedene Flugblätter gegen den Krieg und die

Gewährung der Kriegskredite seiner Partei. Er diente im I. Weltkrieg als Soldat an der Ostfront. Während eines Transportes an die Westfront desertierte er und wurde zu zwei Monaten Haft verurteilt. Während der Novemberrevolution 1918 war Ulbricht Mitglied eines Soldatenrates in Leipzig. In die KPD trat er 1920 ein. Seit 1924 war er für die Kommunistische Internationale tätig und seit 1928 Abgeordneter des Reichstages. Im November 1932 war er einer der Mitorganisatoren eines Streiks bei den Berliner Verkehrsbetrieben, den Kommunisten und Nationalsozialisten gemeinsam unterstützten. Am 7. Februar nahm Ulbricht an der letzten Funktionärstagung der KPD vor der Machtübertragung an die Nationalsozialisten im Sporthaus Ziegenhals bei Berlin teil. Das Tagungslokal wurde anlässlich der 11. Tagung des Zentralkomitees der SED am 7. Februar 1953 als „Ernst-Thälmann-Gedenkstätte" eingeweiht. Heute existieren Gebäude und Gedenkstätte nicht mehr, lediglich ein Gedenkstein ist noch zu sehen.

Walter Ulbricht auf dem VI. Parteitag der SED 1963

Walter Ulbricht führte die Arbeit der KPD zunächst in der Illegalität fort, emigrierte dann zunächst nach Paris. Ulbricht sprach sich gegen eine Unterstützung westlicher Länder im Krieg gegen Nazideutschland aus. Er wolle, so schrieb er, dem „englischen Imperialismus" nicht zum Sieg verhelfen. Zudem verteidigte er den Hitler-Stalin-Pakt. Später wurde er von der KPdSU für die Agitation deutscher

Soldaten eingesetzt. In sowjetischen Kriegsgefangenenlagern versuchte er deutsche Soldaten für den Aufbau einer Nachkriegsordnung im Sinne der Sowjetunion zu gewinnen. 1943 war er Mitbegründer des Nationalkomitees Freies Deutschland.

Am 30. April 1945 kehrte Walter Ulbricht nach Deutschland zurück und wurde einer der maßgeblichen Organisatoren des Wiederaufbaus der KPD und später der SED. 1950 wurde er zum Generalsekretär des Zentralkomitees der SED ernannt und übernahm damit praktisch die Führung der Partei. 1955 wurde er zudem Erster Stellvertreter des Vorsitzenden des Ministerrates der DDR und übertraf nun an Machtfülle dessen Vorsitzenden Otto Grotewohl wie auch Staatspräsident Wilhelm Pieck.

Ulbricht setzte die Abschottung der DDR von der Bundesrepublik durch, überstand den Aufstand des 17. Juni 1953 und verdrängte mit Unterstützung des FDJ-Chefs Erich Honecker alle innerparteilichen Gegner. 1960 wurde Ulbricht

Thälmann-Ehrung anlässlich seines 96. Geburtstages 1982 am Denkmal in Ziegenhals

auch Vorsitzender des Nationalen Verteidigungsrates und, nach Piecks Tod, Vorsitzender des neu geschaffenen Staatsrates. Damit waren alle entscheidenden staatlichen und politischen Funktionen der Macht in seiner Hand vereinigt.
Ulbricht überzeugte die sowjetischen Führer von der Notwendigkeit des Baus der Mauer, die DDR würde sonst, so sein Argument, „ausbluten". Unter ihm erfolgte der Abriss von Gebäuden oder Ruinen, die den preußischen deutschen Staat symbolisierten: die Stadtschlösser in Berlin und Potsdam, die Sophienkirche in Dresden und die Garnisonskirche in Potsdam. Von dieser Politik waren aber ebenso weitere kirchliche Bauten wie die Universitätskirche in Leipzig betroffen.
Da Ulbricht sich von der Entspannungspolitik der Bundesregierung unter Willy Brandt ökonomische Vorteile versprach und diese unterstützte, geriet er in Widerspruch zu Teilen der SED-Führung. Mit Billigung sowjetischer Politiker wurde er am 3. Mai 1971 veranlasst, aus „gesundheitlichen Gründen" der Parteispitze zurückzutreten. Hauptorganisator dieses Sturzes war sein Nachfolger Erich Honecker.
Ulbricht starb am 1. August 1973. Die X. Weltfestspiele der Jugend und Studenten vom 28. Juli bis 5. August 1973 fanden bereits im umgebauten und umbenannten Stadion der Weltjugend statt.
Einen guten Eindruck von der Person Walter Ulbrichts vermittelt das Buch des Mitbegründers der SPD in der sowjetischen Besatzungszone Erich Gniffke „Jahre mit Ulbricht" (1966, Verlag Wissenschaft und Politik Köln).

Grab Walter Ulbricht • Zentralfriedhof Friedrichsfelde • Gudrunstraße 20 • 10365 Berlin

Gedenkstein für die Tagung der KPD am 7. Februar 1933 • Seestraße 12 • 15751 Ziegenhals • www.etg-ziegenhals.de/Die_Gedenkstaette.html

Biographie • www.dhm.de/lemo/biografie/walter-ulbricht

August 1961: Ein DDR-Grenzsoldat hilft einem Kind über die Sektorengrenze

ABSCHOTTUNG

Erst mit der vollständigen Schließung der Grenze nach West-Berlin, die die anhaltende Massenflucht nach Westen unterbände, könne die DDR blühen und gedeihen. So jedenfalls dachten sich das Walter Ulbricht und Erich Honecker. Mehrfach hatte man in Briefen in Moskau um eine Möglichkeit nachgesucht, die DDR abzuschotten. Mehrfach war von dort bedeutet worden, dies sei nicht erwünscht. Erst 1961 stimmte die Sowjetunion zu. Die Flucht von etwa drei Millionen Bürgern der DDR in den Westen hatte die DDR in die Nähe eines Kollapses gebracht.

Nach dem Bau der Berliner Mauer aber zeigte sich, dass die Erwartungen ihrer Erbauer nicht in Erfüllung gingen. Trotz weitgehender Abschottung blieb die Vollendung des Umbaus der Gesellschaft in eine Diktatur sowjetischen Typs nicht ohne innere Konflikte. Auch die Hoffnung Erich Honeckers und seiner Partei, eine erweiterte Sozialpolitik könne die inneren Widersprüche abmildern, erfüllte sich nicht.

Die seit der Regierung Brandt von der Bundesrepublik betriebene Entspannungspolitik und die internationalen Bemühungen aller westlichen Länder, die marxistisch-leninistischen Staatsgebilde Osteuropas durch Druck und Angebote zu lockern, eröffneten auch in der DDR neue Möglichkeiten. Das Bild Ost-Berlins und der DDR veränderte sich in dieser Zeit rasant und ist bis heute gut zu sehen, wenn auch bislang nicht wirklich erhellend musealisiert. In den 70er und 80er Jahren entstanden die riesigen Plattenbausiedlungen in Ost-Berlin, die die Anstrengungen der DDR unter Honecker demonstrieren, den Alltag der Bürger der DDR mit etwas mehr privatem Wohlstand auszustatten.

Schließlich erlebte die DDR in den späten 70er Jahren einen weiteren Konflikt, der ihr nicht nur die Legitimation der breiten Masse ihrer Bürger entzog. Im Gefolge der Ausbürgerung des Poeten Wolf Biermann im November 1976 kam

es zu einer Abwendung vieler Künstler und Intellektueller von der DDR, die ihr bis in die 70er Jahre ihre Unterstützung gegeben hatten. Einige reisten in der Folge aus oder wurden vom MfS dazu gezwungen, so Eva-Maria Hagen, Nina Hagen, Katharina Thalbach, Jürgen Fuchs und Manfred Krug.
Einen guten Überblick zu der historischen Periode der Abschottung der DDR nach dem Mauerbau erhält der Berlin-Besucher im Museum in der Kulturbrauerei, dessen ständige Ausstellung sich vorwiegend mit dem Alltag der DDR in dieser Zeit beschäftigt.

Museum in der Kulturbrauerei • Knaackstraße 97 • 10435 Berlin • Tel. 030 4677779 • www.hdg.de/berlin/museum-in-der-kulturbrauerei • Di.–So. 10–18 Uhr, Do. 10–20 Uhr

Berliner Mauerweg (Berlin)

Am 13. August 1961 errichtete die DDR in Berlin eine Mauer, die ganz West-Berlin umschloss und damit von seinem Umland abschottete. Mit dieser Mauer, laut DDR-Propaganda ein „antifaschistischer Schutzwall“, suchte die Staatsführung die anhaltende Massenflucht der DDR-Bürger zu unterbinden.
Die Grenzanlagen waren mit 186 Beobachtungstürmen versehen. In Acht-Stunden-Schichten überwachten Doppelpatrouillen jeden Abschnitt. In den 28 Jahren ihrer Existenz wurden vier Grenztypen entwickelt, die immer ausgeklügelter jede Flucht verhindern sollten. 136 Tote an der Berliner Mauer hat man bislang nachgewiesen, die Gesamtzahl der bei der Flucht aus der DDR Umgekommenen wird auf bis zu 780 geschätzt.
Gedenkorte, Museen, Mahnmahle aller Art zur DDR-Grenze finden sich in Berlin großer Zahl. Die wichtigsten von ihnen sind durch den 2001 vom Abgeordnetenhaus Berlins beschlossenen „Berliner Mauerweg“ miteinander verbunden, der über die ganze Strecke von etwa 160 Kilometern zu Fuß oder mit dem Fahrrad entdeckt werden kann.

Station des Mauerweges an der Ackerstraße

Besonders intensiv erleben kann man die Mauer durch einen Besuch im Dokumentationszentrum Berliner Mauer an der Bernauer Straße. Da in dieser Straße Häuser die Grenze zwischen den Stadtbezirken bildeten, die Bürgersteige bereits im westlichen Teil Berlins lagen, bedeutete Mauerbau hier, dass Türen und Fenster zugemauert wurden. Bevor aber Türen und Fenster der Häuser zugemauert werden konnten, sprangen Menschen aus den Wohnungen auf die Bürgersteige. Manche verletzten sich dabei schwer, andere starben, andere hatten das Glück, in einem Sprungtuch der Feuerwehr zu landen. Diese dramatischen Szenen und die Bilder, die davon entstanden, gerieten sehr schnell in die internationale Presse und machten die Mauer in der Bernauer Straße zu dem Stück Berliner Mauer, das viele Menschen kannten, ohne je dagewesen zu sein.

In dem 1999 in einem ehemaligen Gemeindehaus der evangelischen Kirche eröffneten Dokumentationszentrum Berliner Mauer wird fortlaufend ein Film gezeigt, der einen Flug mit einem Hubschrauber über fast die ganze Strecke der Berliner Mauer zeigt. Der Film wurde nach der Grenzöffnung 1989 gedreht. Die Mauer stand zu diesem Zeitpunkt noch, ihre zuvor geschlossenen Übergänge waren jedoch schon für

Station am Mauerweg

An der Gedenkstätte Berliner Mauer

Menschen und Kraftfahrzeuge geöffnet. Nur ganz wenige Teile waren jedoch wie heute schon abgerissen. Einen besseren Überblick über die Dimensionen der Mauer erhält man an keiner anderen Stelle Berlins.

Und nirgendwo wird der Besucher auch den Opfern der Mauer näher kommen als hier. Schräg gegenüber dem Dokumentationszentrum findet man die „Kapelle der Versöhnung". Hier finden dienstags bis freitags 12 Uhr mittags Andachten für jeweils einen der vielen an der Mauer getöteten Menschen statt.

Die „Kapelle der Versöhnung" ersetzt die Versöhnungskirche, die nach dem Bau der Mauer mitten im Todesstreifen der Berliner Mauer stand. Nachdem die direkt an der Mauer liegenden Häuser abgerissen worden waren, blockierten die DDR-Grenztruppen den Zugang zur Kirche vom Osten her und nutzten den Kirchturm vorübergehend als Wachturm und Maschinengewehrstand. 1985 jedoch entschied man, die 1892 errichtete Kirche zu sprengen. Das Bild des fallenden Kirchenturms der Versöhnungskirche bedurfte keiner Kommentierung. Es hat sich bis heute ins Gedächtnis der Stadt und ihrer Bewohner in Ost wie West eingeprägt.

Das Dokumentationszentrum und die Kapelle sind Teil eines ganzen Gedenkareals, mit dem die Stadt Berlin und die

Bundesrepublik Deutschland an die Berliner Mauer erinnern. Weitere Aspekte der Berliner Mauer werden an vielen anderen Stellen Berlins dokumentiert. Wenn es die Zeit zulässt, sollte man sich mit einem Fahrrad auf den erwähnten „Berliner Mauerweg“ begeben. Nirgendwo anders wird man die ganze Dimension des Vorhabens begreifen, dass die Verantwortlichen der SED, Walter Ulbricht und Erich Honecker, hier umsetzten.

Berliner Mauerweg • www.berlin.de/mauer/mauerweg/index/index.de.php

Dokumentationszentrum Berliner Mauer • Bernauer Straße 111, 13355 Berlin • Tel. 030 467986666 • www.berliner-mauer-gedenkstaette.de • Di.–So. 10–18 Uhr

Museum am Checkpoint Charlie • Friedrichstraße 43–45 • 10969 Berlin • Tel. 030 2537250 • www.mauermuseum.de • Mo.–So. 9–22 Uhr

Tränenpalast • Reichstagufer 17 • 10117 Berlin • Tel. 030 46777790 • www.hdg.de/berlin/traenenpalast • Di.–Fr. 9–19 Uhr, Sa./So. 10–18 Uhr

East-Side-Gallery • Mühlenstraße • 10243 Berlin • www.eastsidegallery-berlin.de

Emil-Fischer-Hörsaal (Berlin-Mitte)

Die Gedenktafel, um die es hier geht, ist außen angebracht und ziemlich klein. Erst wer näher herantritt, erkennt, dass der Chemiker Robert Havemann in diesem Hörsaal im Wintersemester 1963/64 eine berühmte Vorlesungsreihe mit dem Titel „Naturwissenschaftliche Aspekte philosophischer Probleme“ gehalten hat. Der Text der Vorlesung erschien 1964 unter dem Titel „Dialektik ohne Dogma“ im Rowohlt-Verlag. In der DDR konnte sie nicht publiziert werden. Das Buch fand aber seinen Weg in den Osten; in ungezählten Jackentaschen und unter Autositzen rutschte es durch den durchaus nicht überall perfekt geschlossenen Eisernen Vorhang.

Die Wirkung, die Havemanns Worte in dem Hörsaal und

Robert Havemann (links) und Wolf Biermann in dessen Ost-Berliner Wohnung, 1972

darüber hinaus zu Beginn der 60er Jahre hatten, ist heute kaum noch zu ermessen. 1.250 Studenten hatten sich zu der Veranstaltung im Wintersemester eingeschrieben. „Sozialismus ist ohne Demokratie nicht zu realisieren“, erklärte der Chemieprofessor seinen Hörern. „Was ich hier sage, hat Lenin immer und immer wieder mit aller Schärfe und Deutlichkeit gesagt. Er hat davor gewarnt, dass die Demokratie zerstört wird und darauf hingewiesen, welche furchtbaren Folgen die Zerstörung der Demokratie beim Aufbau des Sozialismus haben muss. Nur durch Demokratie können wir die Massen von der Notwendigkeit des Kampfes für den Sozialismus überzeugen und für diesen Kampf gewinnen.“

Lenin hätte Havemanns Ansichten sicher nicht geteilt, das aber war hier unerheblich. Das SED-Mitglied Robert Havemann, das den Nationalsozialismus überlebt hatte und Abgeordneter der Volkskammer war, plädierte in seiner Vorlesung für einen Sozialismus mit Demokratie, für die Freiheit des Wortes und für den Meinungsstreit in der wissenschaftlichen Forschung. Hier fand eine geistige Revolution statt.

Trotz Havemanns deutlich sozialistischer und antikapitalistischer Positionen wurde er aus der SED ausgeschlossen, als Hochschullehrer entlassen und später auch von der Akademie der Wissenschaften entfernt. Die umfassende Disziplinierung die nun folgte, konnte den 1910 in München geborenen Havemann dennoch nicht mundtot machen. Mit zahlreichen Publikationen, die meist nur in der Bundesrepublik erschienen, aber dennoch ihren Weg zurück in die DDR fanden, suchte er Einfluss auf die Verhältnisse in seinem Heimatland zu nehmen.

Seine Worte hatten auch deshalb große Wirkung, weil Havemann in der NS-Zeit wie Erich Honecker im Zuchthaus Brandenburg-Görden gesessen hatte und weil er nach dem Krieg eigentlich der regierenden Elite der DDR angehörte. Erst nach den Enthüllungen Chruschtschows 1956 über die Verbrechen Stalins hatte er angefangen, seine Auffassungen über den Kommunismus zu ändern, und begonnen, darüber auch öffentlich zu sprechen.

Havemann hatte in München Chemie studiert und war noch vor Hitlers Machtübernahme der späteren Widerstandsgruppe „Neu Beginnen" beigetreten. Er promovierte 1935 und arbeitete danach in einem Projekt des Heereswaffenamtes. 1943 initiierte er die Widerstandsgruppe „Europäische Union", die u. a. gefälschte Papiere für Menschen besorgte, die Deutschland verlassen mussten. Am Ende des Jahres 1943 wurde Havemann verhaftet und vom Volksgerichtshof zum Tode verurteilt. Durch Fürsprache von Freunden und weil er an kriegswichtiger Forschung beteiligt war, gewährte man ihm Vollstreckungsaufschub, der sich dann bis zum Kriegsende hinzog.

Um Havemann herum bildete sich nach seinem Berufsverbot in den 60er Jahren ein Kreis kritischer Geister. Zu diesem Kreis gehörte auch der nur ein paar Schritte vom Emil-Fischer Hörsaal entfernt lebende Wolf Biermann. Bilder des öffentlich nicht zugänglichen Hörsaals sind im Internet zu finden.

Emil-Fischer-Hörsaal • Hessische Straße 1–2 • 10115 Berlin • Bilder des Hörsaals: erdbeerfleisch.de/2013/emil-fischer-horsaal

Gedenkstätte Zuchthaus Brandenburg-Görden • Anton-Saefkow Allee 2 • 14472 Brandenburg • Tel. 033839 71777 • www.stiftung-bg.de/doku/neues/neues_m2.htm • nur Führung nach Anmeldung
Biographie • www.havemann-gesellschaft.de/index.php?id=399

Rudolf Schottlaender (05.08.1900–04.01.1988)

Das Ost-Berlin der 60er und 70er Jahre war weitgehend geprägt durch ein Schweigen über die Zeit des Nationalsozialismus. Das musste besonders deutlich der Philosoph und Philologe Rudolf Schottlaender erfahren. Er hatte versucht, dieses Schweigen zu durchbrechen. Seine fast 600 Seiten umfassende Studie mit dem Titel „Verfolgte Berliner Wissenschaft“, die er kurz nach dem Mauerbau für die Humboldt-Universität geschrieben hatte, durfte in der DDR nicht publiziert werden. In der Studie hatte Schottlaender nur zusammengestellt, welche Menschen nach der Machtübergabe an die Nationalsozialisten aus der Humboldt-Universität entlassen worden waren. Die Studie erschien erst 1988 nach Vermittlung des Historikers und Journalisten Götz Aly in abgespeckter Form im West-Berliner Verlag Edition Hentrich.

Der am 5. August 1900 in eine jüdische Familie Berlin geborene Rudolf Schottlaender entschloss sich gegen den Widerstand seines Vaters zu einem Studium der Philosophie in Berlin, Heidelberg, Marburg und Freiburg, das er mit einer Promotion abschloss. Eine akademische Laufbahn blieb ihm der Weimarer Republik verwehrt. Den Nationalsozialismus überlebte Schottlaender als, wie er selber sagte, „berufslose Unperson“. Schottlaender arbeitete – um nicht zur Zwangsarbeit herangezogen zu werden – als Krankenpfleger in Stuttgart und als ungelernter Arbeiter in einer Munitionsfabrik in Berlin. Nur durch den selbstlosen Einsatz von Freunden konnte seine nicht jüdische Frau davon abgehalten werden 1944 die Scheidungsklage einzureichen, deren Erfolg eine sofortige Deportation Rudolf Schottlaenders zur Folge gehabt hätte.

Nach der Zerschlagung des Nationalsozialismus arbeitete Schottlaender zunächst als Lateinlehrer in West-Berlin. 1947 erhielt er auf Empfehlung von Karl Jaspers, bei dem er studiert hatte, einen Lehrstuhl für Philosophie an der Technischen Hochschule Dresden. Er positionierte sich früh in kritischer Weise gegenüber SED und sowjetischer Besatzungsmacht und verlor deshalb 1949 seinen Lehrstuhl. In einem Brief an den Rektor der Hochschule hatte er mitgeteilt, er werde sich an der 1. Mai Demonstration des Jahres nicht beteiligen, da er feindselige Positionen – gemeint waren vor allem antiamerikanische Parolen – nicht unterstützen könne.

Wieder zurück in West-Berlin, arbeitete Schottlaender als Lehrer für Latein und Griechisch, schrieb verschiedene philosophische Werke und engagierte sich in der neutralistischen Friedensbewegung an der Seite Gustav Heinemanns gegen die Wiederbewaffnung der Bundesrepublik. Sein politisches Engagement gegen die Blockkonfrontation kostete ihn auch hier die Stellung, ihm wurde im Juli 1959 sogar der Status des „politisch-rassisch-Verfolgten" aberkannt.

Als ihm 1959 ein Lehrstuhl für römische Literatur unter besonderer Berücksichtigung der Beziehungen zum Griechentum an der Humboldt-Universität in Ost-Berlin angeboten wurde, griff er daher zu. Die zunächst gegebene Zusage, er könne in West-Berlin wohnen bleiben, wurde nach dem Mauerbau jedoch zurückgezogen. Die Studie „Verfolgte Berliner Wissenschaft" konnte er zwar schreiben, doch sie wurde nicht gedruckt. Informell erfuhr Schottlaender, der Grund für die Nichtveröffentlichung sei, dass darin zu viele Juden vorkämen.

Nach seiner Emeritierung mit 65 Jahren konnte Schottlaender wieder ins westliche Ausland reisen. Er sprach auf vielen Kongressen, publizierte philosophische, philologische und auch politische Texte. Sein öffentliches Eintreten für Robert Havemann, Alexander Solschenizyn, Rudolf Bahro, Nico Hübner und für einen Abbau der Konfrontation der Militärblöcke machte ihn bei der herrschenden SED höchst suspekt.

Zwei Jahre vor seinem Tod veröffentlichte Schottlaender eine höchst selbstkritische Autobiographie mit dem Titel „Trotz allem ein Deutscher“ (1986, Herder-Verlag) und betrieb die Publikation seines Studie „Verfolgte Berliner Wissenschaft“ (1988, Ed. Hendrich Berlin). Das gedruckte Buch hat Schottlaender nicht mehr in Händen halten können; er starb am 1. April des Jahres 1988.

Biographie • www.deutsche-biographie.de/pnd118815539.html • Götz Aly: Schottlaender, da war doch was! (www.berliner-zeitung.de/archiv/)

Ausstellung Berliner Stadtmodelle (Berlin-Mitte)

Ost-Berlin entstand wenn man so will erst in den 50er und 60er Jahren. In den 50er Jahren war es durchaus noch ganz gewöhnlich, dass Menschen im Osten der Stadt wohnten und im Westen arbeiteten. Natürlich gab es das ebenso umgekehrt. Wenn auch mit den zwei getrennten Stadtverwaltungen und der Gründung zweier deutscher Staaten eine

In der Ausstellung

Der Alexanderplatz in der Ausstellung Stadtmodelle

deutliche Differenzierung beider Stadthälften eintrat, so blieb doch Berlin bis zum Mauerbau lediglich politisch, noch nicht physisch, geteilt. Im Juli 1951 beteiligten sich etwa 300.000 Besucher an dem dritten Evangelischen Kirchentag nach dem Kriegsende, dessen Veranstaltungen und Gottesdienste in beiden Teilen der Stadt ausgerichtet wurden.

Wer sich einen Überblick zur Entwicklung Berlins und der Herausbildung eines eigenständigen Ost-Berlins verschaffen will, findet in der Ausstellung der Stadtmodelle, die von der Senatsverwaltung für Stadtentwicklung und Umwelt gestaltet wurde, wesentliche Informationen. Die Ausstellung enthält auch ein Planungsmodell der Stadtplaner Ost-Berlins, das im ehemaligen Staatsratsgebäude gefunden wurde. Dieses Modell macht u. a. sichtbar, was im gegenwärtigen Bild der Stadt zunehmend verschwindet.

Im Herbst 1950 war die Ruine des Stadtschlosses – für die SED ein Symbol des preußischen Militarismus – gesprengt worden. Im Gefolge wurde die ganze Umgebung des ehemaligen Schlosses und des Alexanderplatzes neu gestaltet. Das Areal wurde zu einem der „Schaufenster" des DDR-Sozialismus. Ost-Berlin erhielt, u. a. durch diese baulichen Veränderungen, ein ganz eigenes Gesicht. Aus der Sicht seiner Planer sollte der neu gestaltete Alexanderplatz ein Symbol für die Überlegenheit des Sozialismus gegenüber dem Kapitalismus sein.

In dem 1987 in Ost-Berlin erschienenen Buch „Berlin 1945–1986. Geschichte der Hauptstadt der DDR" von Gerhard Keiderling heißt es über den Alexanderplatz: „Die Hauptstadt hatte ein großzügig gestaltetes und attraktives Zentrum erhalten. Einst befanden sich rings um den Alex Elendsquartiere der Armen, das berüchtigte ‚Scheunenviertel' und die Mietskasernen der kapitalistischen Vergangenheit, sowie ein eng verwinkeltes Straßennetz. Davon blieb nichts mehr." Der Autor fährt fort: „Der neue Alex wurde das pulsierende Herz Berlins. Wer nach Berlin kommt, sucht dieses Zentrum auf. In der gelungenen Verbindung von Bauten des Handels und der Gastronomie, von restaurierten historischen Stätten, von Geschäfts- und Bürobauten sowie innerstädtischem Wohnen zeigen sich die Vorzüge sozialistischer Städteplanung, der Grundstücksspekulationen fremd sind."

Ausstellung Berliner Stadtmodelle • Am Köllnischen Park 3 • 10179 Berlin • Tel. 030 90251525 • www.stadtentwicklung.berlin.de/planen/stadtmodelle/de/ausstellung.shtml • Mo.–Sa. 10–18 Uhr

Marienkirche (Berlin-Alexanderplatz)

Wie ein Relikt aus einer ganz anderen Zeit steht auf dem Alexanderplatz bis heute die Marienkirche, die bereits 1292 das erste Mal als Pfarrkirche urkundlich erwähnt wurde. Die Kirche hat für die Stadt Berlin viele wichtige Bedeutungen, in ihrer DDR-Geschichte tritt ein Ereignis besonders hervor.

Noch vor ihrer Renovierung im Zuge der Neugestaltung des Alexanderplatzes 1969 und 1970 predigte in der Kirche am 13. September 1964 Martin Luther King. Der Bürgerrechtler hielt sich auf Einladung von Willy Brandt in West-Berlin auf. Über Kontakte zur evangelischen Kirche war King gebeten worden, auch in Ost-Berlin zu sprechen. 1.500 Menschen versammelten sich in der Marienkirche, sie hatten von der Einladung durch Freunde gehört. Da mehr gekommen waren, als die Kirche fassen konnte, wurde die Predigt am gleichen Tag in der nicht weit entfernt liegenden Sophienkirche ein zweites Mal gehalten.

In seiner Begrüßung sagte der einladende Generalsuperintendent Gerhard Schmitt damals, vor Gott gebe es keinen

Blick zur Marienkirche

In der Marienkirche sprach 1964 Martin Luther King

Unterschied zwischen Schwarz und Weiß. Und er fügte mit Blick auf die Nazizeit hinzu: „Wir wissen um unsere Schuld als deutsches Volk." Er setzte hinzu: „Aber wir haben auch einen besonderen Nerv dafür bekommen, im Völkergeschehen darauf zu achten, wenn irgendwo auf der Welt Menschen aufgrund ihrer Hautfarbe oder auch ihres Glaubens um ihre Rechte und Menschenwürde kämpfen müssen."

Dann sollte Martin Luther King sprechen. Er begann zunächst mit „My dear Christian friends in East Berlin", konnte jedoch nicht fortfahren, da der Kirchenchor plötzlich mit dem Spiritual „Go down, Moses" begann. Ein Reporter des „Spiegels" schrieb später: „Machtvoll hallt der Refrain durch die dreischiffige gotische Hallenkirche und lässt sie fast in ihren Grundfesten beben: ‚LET MY PEOPLE GO!'"

King sagte nach dem Chorgesang, er überbringe Grüße aus West-Berlin und aus den Vereinigten Staaten von Amerika. Er fuhr fort: „Es ist wahrhaftig eine Ehre, in der Stadt zu sein, die Symbol der Teilung durch Menschen auf dieser Erde ist." Und: „Hier sind auf beiden Seiten der Mauer Gottes Kinder, und keine durch Menschenhand errichtete Grenze kann diese Tatsache auslöschen." Martin Luther King ergänzte: „Überall, wo Menschen die trennenden Mauern der Feind-

schaft abbrechen, da erfüllt Christus seine Verheißung." Er fügte hinzu: „In diesem Glauben können wir aus dem Berg der Verzweiflung einen Stein der Hoffnung hauen. In diesem Glauben werden wir miteinander arbeiten, miteinander beten, miteinander für die Freiheit aufstehen in der Gewissheit, dass wir eines Tages frei sein werden."
Die Marienkirche erinnert heute lediglich auf ihrer Internetseite an das Ereignis, an der Sophienkirche ist eine Erinnerungsplakette angebracht.
Marienkirche • Karl-Liebknecht-Straße 8 • 10178 Berlin • Tel. 030 24759510 • www.marienkirche-berlin.de • Mo.–So. 10–18 Uhr
Sophienkirche • Große Hamburger Straße 31 • 10115 Berlin • Tel. 030 3087920 • www.gemeinde-am-weinberg.de/pages/kirchen/sophienkirche/martin-luther-king.php • Mo.–Sa. 13–18 Uhr, So. nach dem Gottesdienst

Alexanderplatz mit Fernsehturm
(Berlin-Alexanderplatz)

Der Fernsehturm, 1969 fertiggestellt, prägte als Symbol der Modernität der DDR die ganze Umgebung. Nicht weit davon ersetzte ab der Mitte der 70er Jahre der Palast der Republik das alte Schloss. Heute ist vom Palast der Republik nichts mehr zu sehen, stattdessen entsteht an seiner Stelle ein Nachbau des alten Schlosses.
Gegenüber der Zeit vor dem II. Weltkrieg hat sich die Größe des Alexanderplatzes etwa vervierfacht. Er umfasst heute rund 80.000 Quadratmeter. Die Städteplaner führten unter der Leitung Walter Ulbrichts den Straßenverkehr tangential am Platz vorbei und unter ihm hindurch. Damit schufen sie die bis heute nachwirkende unwirtliche Größe des Platzes, der in dieser neuen Form Raum für sozialistische Massenaufmärsche bot.
Durch seine Größe konnte der Platz aber auch die am 4. November 1989 stattfindende größte Massendemonstrationen der DDR aufnehmen. Initiiert von Künstlern verschiedener Theater Ost-Berlins kamen etwa eine halbe Million Men-

Während der Kundgebung am 4. November 1989

schen zusammen. Den am 4. November 1989 von Politikern, Bürgerrechtlern und Schriftstellern gehaltenen Reden wurde aber nicht nur Beifall gezollt. Ex-Spionage-Chef Markus Wolf sowie das Mitglied des SED-Politbüros Günther Schabowski waren wegen gellender Pfeifkonzerte kaum zu verstehen.

Die kürzeste und letzte der 22 Reden, die überwiegend den Rücktritt der SED-Führung forderten, hielt die Schauspielerin Steffie Spira. Sie wurde mit großem Beifall bedacht, als sie mit Blick auf die abgeschirmte damalige Politbüro-Siedlung sagte: „Aus Wandlitz machen wir ein Altersheim! Die über 60- und 65-Jährigen können jetzt schon dort wohnen bleiben, wenn sie das tun, was ich jetzt tue – abtreten!" Ein Teil der sehr phantasievollen Transparente der Demonstration ist heute noch in der ständigen Ausstellung des Deutschen Historischen Museums zu sehen.

Fernsehturm • www.tv-turm.de • März–Okt. Mo.–So. 9–24 Uhr, Nov.–Febr. Mo.–So. 10–24 Uhr

Reden der Kundgebung am 4. November 1989 • www.dhm.de/archiv/ausstellungen/4november1989/htmrede.html

Zentralkomitee und Politbüro
(Berlin-Mitte)

Die Zentren der Macht der DDR sind im heutigen Stadtbild Berlins nur noch mit historisch geschultem Auge zu erkennen. Besichtigungen und historische Aufklärung über die Machtstrukturen der Gesellschaft findet man nur selten.
Die wichtigste Macht im gesellschaftlichen Gefüge der DDR war die Sozialistische Einheitspartei Deutschlands, deren zentrale Organe in Berlin saßen. Um dem damaligen offiziellen Verständnis ihrer Rolle im Staat wie auch weiterer Parteien und Organisationen nachzuspüren, ist das „Kleine Politische Wörterbuch" der DDR empfehlenswert, das antiquarisch noch erhältlich ist. „Die SED", so heißt es in der Auflage von 1978 des genannten Lexikons, „ist die führende Kraft der sozialistischen Gesellschaft, aller Organisationen der Arbeiterklasse und der Werktätigen, der staatlichen und gesellschaftlichen Organisationen." Die Partei kontrollierte buchstäblich alle öffentlichen Angelegenheiten. Zwar existierten neben ihr noch die sogenannten Blockparteien, die jedoch keine eigenständige Bedeutung besaßen. Die Autoren des Lexikons formulieren offenherzig: „In der DDR gibt es wie in einigen anderen sozialistischen Ländern neben der führenden marxistisch-leninistischen Partei noch andere

Der Sitz des Zentralkomitees der SED, 1989

Parteien, die sich zur führenden Rolle der Arbeiterklasse bekennen."

Das entscheidende Machtzentrum der DDR – der Sitz des Zentralkomitees der SED und gleichzeitig Tagungsort ihres Leitungsgremiums, des Politbüros – befand sich seit 1959 in dem Gebäude, das heute das Außenministerium der Bundesrepublik beherbergt. Nach den Statuten der SED war das Zentralkomitee das höchste Führungsorgan der Partei zwischen den Parteitagen. Eine bis 1989 geheime Geschäftsordnung von 1953 hielt allerdings fest, dass das gewichtige Zentralkomitee lediglich Beschlüsse des Politbüros der Partei zur Kenntnis zu nehmen und bestätigen durfte. Nicht die Partei führte ihr Leitungsorgan. Es war das Politbüro, das die Partei führte. Da in einer weiteren geheimen Verordnung vom Oktober 1949 zudem definiert wurde, dass ausnahmslos alle Entscheidungen von Staatsgremien zuvor im Politbüro beraten und entschieden werden mussten, hatten Politbüro-Entscheidungen in der DDR faktisch Gesetzeskraft.

Vor das eigentliche Gebäude des Zentralkomitees der SED, während des Nationalsozialismus Sitz der Reichsbank, wurde ein neuer Vorbau gestellt. Den Bau, in dem das Zentralkomitee und das Politbüro getagt haben, erkennt man deshalb nur von einer Seitenstraße aus.

Bundesministerium für auswärtige Angelegenheiten • Werderscher Markt 1 • 10117 Berlin • www.neue-bundeshauptstadt.de/aa/

Stasi-Museum Berlin (Berlin-Lichtenberg)

Eines der wichtigen Machtzentren der DDR, das von der SED geführte Ministerium für Staatssicherheit (MfS), ist im Stadtbild Berlins nach wie vor gut erkennbar. Bürgerrechtler hatten im Dezember 1989 und Januar 1990 viele der Büros des Ministeriums gestürmt und besetzt, um die Vernichtung der Akten zu verhindern. Die Hauptverwaltung des Ministeriums wurde am 15. Januar 1990 besetzt. Bereits

Die MfS-Hauptverwaltung in der Normannenstraße

am 7. November 1990 eröffnete hier die Forschungs- und Gedenkstätte in Trägerschaft des Vereins „Antistalinistische Aktion Berlin-Normannenstraße e. V.“, dem auch vormalige Besetzer angehörten, die sich im „Bürgerkomitee Normannenstraße“ zusammengefunden hatten. Im Januar 2015 eröffnete das Museum nach Umbauarbeiten die neue Dauerausstellung „Staatssicherheit in der SED-Diktatur“.
Etwa 90.000 hauptamtliche Mitarbeiter hatte das MfS am Ende der DDR und etwa 180.000 Informelle Mitarbeiter (IM). Mit ca. 5000 Mitarbeitern hatte das Ministerium 1950 begonnen. Es war aber kein Staat im Staate, sondern wurde straff von der SED geführt. Die Besetzung durch die Bürgerrechtler rettete die Akten vor der Vernichtung und schuf die Voraussetzung dafür, dass diese auf Antrag sowohl durch Betroffene eingesehen werden können und ebenso der Forschung zur Verfügung stehen.
In der „Forschungs- und Gedenkstätte Normannenstraße“ finden sich Büros und Privaträume des langjährigen Stasi-Chefs Mielke, viele Detailinformationen zu Geschichte und Aufbau des Ministeriums, zur Einbindung des Geheimdienstes in die SED sowie zu hauptamtlichen und freiwilligen Spitzeln. Die Ausstellung wurde von Experten des Beauftragten für die Stasiunterlagen (BStU) überarbeitet. Sie

hat dabei etwas von ihrem ursprünglichen Charme und Biss verloren. Die einst von der Stasi selbst organisierte Ausstellung über ihre Arbeit fehlt nunmehr.
Das eigentliche Archiv des Ministeriums für Staatssicherheit untersteht dem Bundesbeauftragten für die Unterlagen des Staatssicherheitsdienstes der ehemaligen DDR (BStU). Besucher, die einen Antrag auf Einblick in ihre Akten stellen bzw. wissen möchten, ob über sie eine Akte existiert, können diesen Antrag aber in einem Gebäude des Areals, im Gebäude 7, stellen. Hier kann man sich auch zu einer Archivbesichtigung anmelden.

Stasi-Museum Berlin • Ruschestraße 103, Haus 1 • 10365 Berlin • Tel. 030 5536854 • www.stasimuseum.de • Mo.–Fr. 10–18 Uhr, Sa./So. 12–18 Uhr

Archiv der Zentralstelle • Ruschestraße 103, Haus 7 • 10365 Berlin • Tel. 030 23246699 • www.bstu.bund.de/DE/InDerRegion/Berlin/Archiv/Archivfuehrung/_node.html • Führung Febr.–Dez. jeweils erster Di. im Monat 17–19 Uhr

Karl Wilhelm Fricke (* 03.09.1929)

Ein ehemaliger Untersuchungshäftling des Ministeriums für Staatssicherheit, der 1929 in Hoym geborene Karl Wilhelm Fricke, wurde später als Journalist sehr bekannt. Er veröffentlichte nach seiner Haftentlassung 1959 viele Bücher über Verfolgung und Opposition in der DDR.
Sein Vater, Karl Oskar Fricke, der in der Nazi-Zeit als Lehrer, Journalist und Fotograf arbeitete und u. a. in Hoym Leiter des Presseamtes der NSDAP und stellvertretender Propagandaleiter der örtlichen NSDAP-Gruppe gewesen war, wurde in den Waldheimer Prozessen zu 12 Jahren Zuchthaus verurteilt. Er starb im Gefängnis.
Karl Wilhelm Fricke weigerte sich, in die FDJ und in die SED einzutreten, und sah deshalb nach dem Abitur keine Chance für ein Studium in der Sowjetischen Besatzungszone. Am 22. Februar 1949 wurde er auf eine Denunziation hin verhaftet, ihm wurden SED-kritische Äußerungen zugeschrieben. Fricke konnte jedoch aus dem Polizeigewahrsam

entkommen und ging in den Westen, wo er bis 1953 an der Hochschule für Arbeit, Politik und Wirtschaft (Wilhelmshaven) und am Institut für politische Wissenschaften (West-Berlin) studierte.

Er begann auch journalistisch zu arbeiten. Seine Artikel beschäftigten sich vornehmlich mit der Verfolgung Oppositioneller in der DDR. In seinen Beiträgen verarbeitete Fricke u. a. Informationen der auch geheimdienstlich arbeitenden antikommunistischen „Kampfgruppe gegen Unmenschlichkeit", die in den 50er Jahren als *der* Feind der DDR galt.

Am 1. April 1955 wurde Fricke von Agenten des Ministeriums für Staatssicherheit entführt und 15 Monate lang im Gefängnis Hohenschönhausen verhört. In einem Geheimverfahren vor dem Obersten Gericht der DDR wurde Fricke zunächst zu 15 Jahren Haft verurteilt. Die Strafe wurde später jedoch auf vier Jahre reduziert. Seine Haftzeit verbrachte Fricke im Gefängnis Brandenburg-Görden und in der Justizvollzugsanstalt Bautzen.

1959 wurde Fricke entlassen und setzte seine journalistische Karriere in Westdeutschland fort. Seine Sachbücher über das Ministerium für Staatssicherheit, die Justiz in der DDR, die Geschichte der Opposition und anderes mehr, sind bis heute sehr informativ und gut zu lesen.

Fricke hatte nie die Absicht, akademische Grade zu erwerben. Seine persönliche Geschichte erfährt man in dem Buch „Der Wahrheit verpflichtet. Texte aus fünf Jahrzehnten zur Geschichte der DDR" (2000, Ch. Links Verlag), das von der Stiftung zur Aufarbeitung der SED-Diktatur und vom Deutschlandfunk herausgegeben wurde und auch ein ausführliches lebensgeschichtliches Interview enthält.

Biographie • de.wikipedia.org/wiki/Karl_Wilhelm_Fricke

Bezirksamt Pankow
(Berlin-Prenzlauer Berg)

Es ist nicht ganz so einfach, sich in das Ost-Berlin der 60er und 70er Jahre einzufinden. Manchmal helfen Rekonst-

Detail der Installation von Karla Sachse am Bezirksamt

ruktionen, die nachträglich angestellt wurden. Im Fall der Stadtverwaltung von Berlin-Pankow ist es ein um ein Gebäude gelegtes schwarzes Band an der Ecke Prenzlauer Allee/ Fröbelstraße, das als Augenöffner fungiert.

Das Gebäude beherbergte ab 1886 ein Hospital und ein Siechenhaus. Seit 1934 war hier das Bezirksamt Prenzlauer Berg untergebracht. Während des Nationalsozialismus wurden Gebäudeteile als Durchgangslager für Zwangsarbeiter genutzt. Dienststellen der SMAD, einschließlich eines Folterkellers, zogen ab 1945 ein; eine Dienststelle des Ministeriums für Staatssicherheit mit einem kleinen Gefängnis residierte an diesem Ort ab 1950. 1956 zogen erneut Teile der Bezirksverwaltung der Stadt Berlin ein. Erst 1986 zog das Ministerium für Staatssicherheit endgültig aus.

Seit 2001 gehört das Gebäude zum Bezirksamt Pankow, das einen Wettbewerb ausschrieb, um die Geschichte des Ortes sichtbar zu machen und um an die Opfer von sowjetischem Geheimdienst und DDR-Staatssicherheit zu erinnern. Die Künstlerin Karla Sachse gewann mit ihrem Entwurf „fragen!“ den Wettbewerb, sie beschrieb ihre Arbeit so: „Ein schwarzes Band umspannt das Haus. Weiß sind Worte eingraviert. Fragen. Die Worte fragen nach Gefühlen, nach Bedrängnissen, nach der Not derer, die im Keller gefangen gehalten wurden. Ganz konkret. Sie sind gerichtet an die Täter und an die, die draußen vorbeigingen. Damals. Sie richten sich jetzt aber an die, die heute vorbeigehen und an die, die sich erinnern wollen ... das Gedenken entsteht aus Denken und Mitgefühlen, aus individuellen Antworten – immer wieder neu – und so vielleicht auch auf Fragen, die aus ganz anderen Richtungen kommen."

Denkzeichen am Bezirksamt Pankow • Fröbelstraße 17 • 10405 Berlin • www.berlin.de/ba-pankow/kunstundkultur/kioer/denkzeichen/haftstaette-prenzlauer.html

DDR-Museum (Berlin-Mitte)

Mit der DDR ist auch der Alltag ihrer Bürger verschwunden. Diesen Alltag zu rekonstruieren, hat sich das DDR-Museum zur Aufgabe gemacht. Die Besonderheit des Museums besteht darin, dass hier die meisten Dinge „zum Anfassen" sind. Auf der Internetseite des Museum heißt es etwa: „Der Trabi in der Ausstellung riecht noch original nach DDR: Platznehmen, Zündschlüssel drehen, Blick geradeaus, Fuß auf das Gaspedal und los geht's! Typische Trabi-Betriebsgeräusche und eine simulierte Fahrt durch eine Plattenbausiedlung

Diorama des Grenzgebiets im DDR-Museum

Das Plattenbauwohnzimmer in der Ausstellung des DDR-Museums

vermitteln, wie es war, in so einem Original zu fahren." Die Ausstellung widmet sich in insgesamt 27 „Themenmodulen" Aspekten des DDR-Alltags: Grenze, Berlin, Verkehr, Jugend, Bildung, Arbeit, Konsum, Staatssicherheit, Bauen, Wohnen, Familie, Medien, Mode, Freizeit, Kultur, Urlaub, Umwelt, Partei, Wirtschaft, Staat, Ideologie, Armee, Bruderstaaten, Mauer, Opposition, Strafvollzug und Obrigkeit.

Neben dem Museum befindet sich das „DDR-Restaurant Domklause", das neben DDR-typischer Küche auch das 1969 von Ronald Paris geschaffene Epochenbild „Lob des Kommunismus" präsentiert. Das neun Meter lange Werk hing früher an der Wand des Konferenzsaales des DDR-Amtes für Statistik am Berliner Alexanderplatz. In seiner ursprünglichen Version gefiel es den Auftraggebern nicht. Sie mahnten 24 Änderungen an – die der Künstler jedoch nicht vornahm. Nach dem Ende der DDR hat sich das Museum für den Erhalt des Bildes eingesetzt, dass im Oktober 2010 am neuen Standort enthüllt wurde.

DDR-Museum • Karl-Liebknecht-Straße 1 • 10178 Berlin • Tel. 030 847123731 • www.ddr-museum.de • Mo.–Fr., So. 10–20 Uhr, Sa. 10–22 Uhr

DDR-Restaurant Domklause • Karl-Liebknecht-Straße 1 • 10178 Berlin • Tel. 030 847123737 • www.ddr-restaurant.de • Mo.–So. ab 10 Uhr

Ernst-Thälmann-Park
(Berlin-Prenzlauer Berg)

Berlin-Besucher, die den Versuch machen möchten, sich nicht nur im Museum in den Alltag von DDR-Bürgern in den 70er Jahren hineinzuversetzen, können einen Spaziergang durch die Wohnsiedlung Thälmann-Park unternehmen. Viele werden sie schon kennen, ohne je da gewesen zu sein, denn an ihrem Eingang steht eine riesige Büste von Ernst Thälmann, dem von den Nazis im Konzentrationslager Buchenwald ermordeten Führer der KPD. Fotografien dieses Denkmals, das den KPD-Führer mit erhobener Faust zeigt, sind weit verbreitet. Zum 100. Geburtstag Thälmanns, am 16. April 1986, wurden das Gelände und das Denkmal in Anwesenheit von Staatschef Erich Honecker feierlich eingeweiht.
Auf dem Gelände des Parks befand sich seit 1873 die Berliner Gasanstalt. Der letzte Gasometer der Anstalt wurde am 28. Juli 1984 gesprengt. Die Umgestaltung des Geländes war ein Prestigeobjekt der DDR zum 750. Jahrestag Berlins. Der Bau des Parks war im April 1981 auf dem X. Parteitag der SED beschlossen worden. Mehrfach besuchte Honecker die Baustelle im Laufe der Bauarbeiten. Von 1983 bis 1986

Das Thälmann-Denkmal am Eingang des Thälmann-Parks

bauten mehr als 1.300 Bauarbeiter 1.332 Wohnungen für etwa 4.000 Bewohner, zusätzlich errichteten sie das Zeiss-Großplanetarium. Auf dem Gelände des Thälmann-Parks wurde je Bewohner ein Baum gepflanzt, Parkflächen eingerichtet, das Thälmann-Denkmal aufgestellt und ein künstlicher Teich eingerichtet.

Architekt und Generalprojektant für den Gesamtkomplex aus Wohnungen, einer Kindertagesstätte, Geschäften, Schwimmhalle und Parkanlage war Helmut Stingl. Sein Hauptziel war es, ökonomisch kalkuliert zu bauen. Die fertiggestellte Siedlung Thälmann-Park galt als respektable Leistung, weil zum ersten Mal in der DDR eine Großsiedlung in einer Innenstadt und nicht am Stadtrand gebaut wurde. Die Gebäude standen auch nicht streng in einer Reihe, sie waren in unregelmäßiger Folge um einen Platz herum gruppiert. Die Wohndichte jedoch war genauso hoch wie in den Wohnquartieren Berlins, die in der sogenannten Gründerzeit, zwischen 1871 und 1900, in Berlin entstanden und die Stadt bis heute wesentlich prägen.

Ernst-Thälmann-Park • Greifswalder Straße/Danziger Straße • 10405 Berlin

Zeiss-Großplanetarium • Prenzlauer Allee 80 • 10405 Berlin • Tel. 030 4218450 • www.sdtb.de/Zeiss-Grossplanetarium.25.0.html • wegen Sanierung bis voraussichtlich Anfang 2016 nur von außen zu besichtigen

Museumswohnung WBS 70
(Marzahn-Hellersdorf)

Wie man in den 80er Jahren in einer typischen Plattenbau-Siedlung wohnte, kann der Besucher der Berlin im Stadtbezirk Marzahn erleben. Die Schaffung dieses Stadtbezirks war im Januar 1979 von der Stadtverordnetenversammlung Ost-Berlins beschlossen worden. In dem dortigen Neubaugebiet kann man eine sogenannte „Museumswohnung“ besichtigen. Es handelt sich um eine Wohnung mit drei Zimmern, auf insgesamt 61 Quadratmetern, die 1986 vom

Wohnzimmer mit typischer Anbauwand in der Museumswohnung

VEB Wohnungsbaukombinat Cottbus gebaut wurde – Miete: 109 Mark. Insgesamt wurden rund 42.000 Wohnungen im System Wohnungsbauserie (WBS) 70 fertiggestellt. Die Ausstattung, die in der Wohnung zu sehen ist, wurde von Mitarbeitern der Wohnungsbaugesellschaft „Stadt und Land" zusammengetragen, die nach dem Fall der Mauer die Renovierung die Verwaltung von Wohnungen in Marzahn übernommen hat. Auf Anfrage zeigt man dort auch gerne zum Kontrast inzwischen renovierte Wohnungen in Marzahn.

Stilechte Kücheneinrichtung

Museumswohnung WBS 70 • Hellersdorfer Straße 179 • 12627 Berlin • Tel.: 0151 16114447 • www.stadtundland.de/33_Museumswohnung.htm • Sonntag 14–16 Uhr (außer Feiertage) und nach Absprache

Oberschöneweide
(Berlin-Oberschöneweide)

Bis zum Fall der Mauer war Ost-Berlin eine Industriestadt. Große Industriekomplexe befanden sich vor allem im Stadtbezirk Oberschöneweide. Menschen, die hier lebten, nannten die Gegend auch manchmal „Schweineöde". Die meisten der hier angesiedelten Industrieunternehmen existieren heute nicht mehr.

Die Geschichte von Oberschöneweide ist eng verbunden mit der Firma AEG und ihren Gründern, der Familie Rathenau. Die Ansiedung der Firma machte die Gegend zu einem Industrie- und Arbeiterbezirk. Die heute noch das Aussehen des Bezirks bestimmenden Gebäude wurden von dem Architekten Peter Behrens 1916/17 geschaffen. Bis 1934 wurden hier Automobile produziert.

Nicht weit von den Industrieanlagen entfernt, kann der Berlin-Besucher die Überreste eines Zwangsarbeiterlagers

Baracke des ehemaligen Zwangsarbeiterlagers in Oberschöneweide

besichtigen, das heutige Dokumentationszentrum NS-Zwangsarbeit. Wie in allen großen Fabriken arbeiteten auch in Oberschöneweide seit Beginn des II. Weltkriegs Zwangsarbeiter aus den von den Deutschen besetzten Ländern. Geplant war das Lager für 2.160 Zwangsarbeiter und Zwangsarbeiterinnen, die alle in den Betrieben von Oberschöneweide arbeiteten. Insgesamt 1.000 solcher Lager hatte es in Berlin gegeben, nur das in Oberschöneweide ist heute ein Museum.

Nach einer kurzen Zeit, in der die AEG als Sowjetische Aktiengesellschaft für die Sowjetunion produzierte, arbeitete hier u. a. das „Werk für Fernsehelektronik". Etwa 9.500 Menschen waren damals beschäftigt. Mit dem Ende der DDR wurde das Werk vom Unternehmen Samsung gekauft, dann nur noch mit 800 Mitarbeitern. Inzwischen ist die Firma ganz geschlossen. Der Bezirk erhofft sich durch die Eröffnung der Hochschule für Technik und Wirtschaft (HTW) eine Neubelebung des Ortes.

Die industrielle Produktion ist an diesem Ort zwar verschwunden, viele der Gebäude aber stehen noch und sind zu besichtigen. Der „Industriesalon Schöneweide" hat die Geschichte Oberschöneweides und seiner wichtigsten Unternehmen in verschiedenen Dauerausstellungen bearbeitet, er organisiert auch Touren durch die Gegend und durch die noch begehbaren Gebäude. Besucher, die das Gebiet lieber auf eigene Faust erkunden mögen, können sich auch von der Internetseite der Hochschule für Technik und Wirtschaft eine Audiotour herunterladen.

Die Grabstätte des 1922 von Mitgliedern eines Freikorps ermordeten Außenministers der Weimarer Republik, Walther Rathenau, und seiner Familie finden Besucher auf dem Waldfriedhof Oberschöneweide.

Industriesalon Schöneweide • Reinbeckstraße 9 • 12459 Berlin • Tel. 030 53007042 • industriesalon.de • Mi., Fr., So. 14–18 Uhr

Audiotour der HTW • www.htw-berlin.de/htw/standorte/campus-wilhelminenhof/audiotour-deutsch

Waldfriedhof Oberschöneweide • verlängerte Rathenaustr. 131 a • 12459 Berlin • Tel. 0163 6172232 • www.berlin.de/

ba-treptow-koepenick/politik-und-verwaltung/aemter/strassen-und-gruenflaechenamt/friedhoefe/artikel.16575.php

Dokumentationszentrum NS-Zwangsarbeit • Britzer Straße 5 • 12439 Berlin • Tel. 030 63902880 • www.dz-ns-zwangsarbeit.de • Di.–So. 10–18 Uhr

Wanderausstellung „Bruderland ist abgebrannt"

Eines der zumeist vergessenen Kapitel der DDR ist die Anwesenheit von „Vertragsarbeitern". Die DDR suchte mit Menschen aus damals sozialistisch orientierten Ländern wie Polen, Ungarn, Mosambik, Vietnam, Angola, Kuba, Nicaragua und dem Jemen ihren steten Bedarf an Arbeitskräften zu decken. „Vertragsarbeiter" wurden sie deshalb genannt, da die DDR die Bedingungen ihrer Arbeit mit dem Land, aus dem sie kamen, in Verträgen regelte. In diesen war z. B. die

Vietnamesische Praktikanten 1971 vor den Gebäuden des VEB Berlin-Chemie

Aufenthaltsdauer festgelegt. Sie wurde meist auf zunächst zwei und später fünf Jahre begrenzt. Ein Nachzug der Familien war nicht erlaubt. Für den Fall einer Schwangerschaft drohte Ausweisung. Vertragsarbeiter lebten in abgeschotteten Baracken oder Wohnblöcken. Kontakte zu Einheimischen waren genehmigungspflichtig. In Ost-Berlin arbeiteten viele Vertragsarbeiter in den großen Fabriken im Stadtteil Oberschöneweide.

Ende 1989 lebten etwa 190.000 Ausländer in der DDR, circa 94.000 von ihnen waren Vertragsarbeiter. Die größte Gruppe von ihnen, etwa 60.000, kam aus Vietnam. Mit der Vereinigung beider deutscher Staaten löste die Bundesregierung die Verträge, die die DDR mit den verschiedenen Herkunftsländern geschlossen hatte, auf. Der großen Mehrheit der Vertragsarbeiter gelang es nicht, ein Aufenthaltsrecht in der Bundesrepublik zu erlangen.

Über den Alltag der Vertragsarbeiter gibt es inzwischen wohl eine Ausstellung, sie hat jedoch keinen festen Ort, es handelt sich um eine Wanderausstellung mit dem Titel „Bruderland ist abgebrannt". Der Verein Reistrommel e. V. hat sie erarbeitet. Den aktuellen Standort der Ausstellung, die auch außerhalb Berlins gezeigt wird, kann man über den Verein oder im über das soziale Netzwerk facebook erfahren. Man findet die Ausstellung dort unter ihrem Titel.

Reistrommel e. V., Eichhorster Straße 38 • 12689 Berlin • Tel. 030 21758548 • www.reistrommel-ev.de • Sprechzeiten: Mo./Di., Do./Fr. 9–15 Uhr

Wolf Biermann (* 1936)

Der Berlin-Besucher wird die DDR nicht verstehen, wenn er nicht irgendwann Schallplatten von Wolf Biermann gehört hat. Solange der Künstler in der DDR lebte, wohnte er in der Chausseestraße 131 in Berlin-Mitte. Biermann erblickte am 15. November 1936 in Hamburg das Licht der Welt und siedelte kurz nach dem Aufstand des 17. Juni 1953 in die DDR über, um beim Aufbau eines antifaschistischen Deutschland helfen zu können.

Bereits beim 1. Deutschlandtreffen der Jugend, das von der FDJ 1950 in Berlin ausgerichtet wurde, hatte Biermann die Bundesrepublik Deutschland vertreten. Nach seiner Übersiedelung in die DDR studierte er Politische Ökonomie, arbeitete dann von 1957 bis 1959 am Berliner Ensemble und studierte danach Philosophie und Mathematik. Seit 1960 schrieb er Lyrik.

Biermanns Gedichte und Balladen wurden nur in wenigen Büchern gedruckt. Zwar ließ die SED ihn 1964 noch auf eine Konzertreise, die der Sozialistische Deutsche Studentenbund der Bundesrepublik veranstaltete, reisen. Aber bereits im Dezember 1965 erhielt er wegen seiner frechen Texte Auftritts- und Veröffentlichungsverbot. Doch Biermann ließ sich nicht mundtot machen. Er publizierte seither vor allem in der Bundesrepublik und sang im privaten Kreis.

Vor allem seine Geburtstagsfeiern in der Chausseestraße 131 waren berühmt. Wer in der DDR-Literatur einen Namen hatte, fand sich hier ein. „All diese Leute", so berichtete Robert Havemann 1978, „viele sehr sympathische, auch intelligente und künstlerisch hoch begabte Leute, wagten es nicht, ebenso wie Wolf aufzutreten und neben ihn zu treten, weil sie das Berufsverbot fürchteten, dass an ihm für alle sichtbar ausgeübt wurde."

Die SED fürchtete die Wirkung Robert Havemanns und Wolf Biermanns besonders. Biermanns Vater, Kommunist und Jude, war in Auschwitz umgebracht worden. Havemann hatte, als Todeskandidat, von 1943 bis 1945 in selben Zuchthaus eingesessen wie der spätere Staatschef Erich Honecker.

Der gerade ausgebürgerte Wolf Biermann 1976 in West-Berlin

Mit den Kommunisten Havemann und Biermann griff die SED somit auch zwei

Antifaschisten an. Das war natürlich besonders prekär. Das MfS verwendete deshalb seit 1964 immense Energie darauf, Havemann irgendeiner Zusammenarbeit mit der NSDAP zu überführen, um seinen Ruf zu zerstören. Ohne Erfolg. Die Angriffe auf Havemann und Biermann diskreditierten das Ansehen der sich selbst antifaschistisch definierenden SED und DDR. Die aufrechte Haltung der beiden hatte große Anziehungskraft auf kritische Geister in der DDR.

Als Wolf Biermann im November 1976 in die Bundesrepublik eingeladen wurde, um bei einem Konzert der Industriegewerkschaft Metall zu singen, sahen die regierenden Leute der DDR ihre Chance gekommen, sich wenigstens einen der beiden linken und lauten DDR-Kritiker vom Halse zu schaffen. Am 16. November 1976 wurde Wolf Biermann ausgebürgert.

Anders als gedacht, blieb diese Ausbürgerung jedoch nicht ohne Widerhall. Ungeahnt viele Proteste aus dem In- und Ausland trafen ein. Besonders schmerzlich war für die SED, dass praktisch alle damals wichtigen Schriftsteller der DDR – Sarah Kirsch, Christa Wolf, Volker Braun, Franz Fühmann, Stephan Hermlin, Stefan Heym, Günter Kunert, Heiner Müller, Rolf Schneider, Gerhard Wolf, Jurek Becker, Jürgen Fuchs und an die hundert andere – protestierten. Sie taten das auch öffentlich und forderten die Rücknahme der Ausbürgerung. Als die SED diese nicht zurücknahm, setzte ein ungeahnter Exodus der kulturellen Elite der DDR ein. Jurek Becker, Manfred Krug und viele andere, die sich am Protest gegen die Ausbürgerung beteiligt hatten, verließen das Land. Die SED hatte für die Disziplinierung eines ihrer Kritiker einen hohen Preis gezahlt.

Wolf Biermann hatte bei seinem Auftritt in Köln darauf hingewiesen, dass einige der sozialistischen Klassiker, die in der DDR verehrt wurden, durchaus ein kritisches Auge auf die Tradition geworfen hatten, in der die DDR stand. So hatte die während des I. Weltkrieges inhaftierte Rosa Luxemburg bereits eine sehr scharfsinnige Kritik an der Politik Lenins verfasst, deren Formulierungen sich durchaus auf die DDR übertragen ließen. Luxemburg hatte in ihrer 1918 entstandenen Schrift „Die russische Revolution“, die 1922 das erste Mal veröffentlicht wurde, formuliert: „Die Praxis des Sozialismus erfordert eine ganze geistige Umwälzung in den durch Jahrhunderte der bürgerlichen Klassenherrschaft degradierten Massen. Soziale Instinkte anstelle egoistischer, Masseninitiative anstelle der Trägheit, Idealismus, der über alle Leiden hinweg trägt usw. usw. Niemand weiß das besser, schildert das eindringlicher, wiederholt das hartnäckiger als Lenin. Nur vergreift er sich völlig im Mittel. Dekret, diktatorische Gewalt der Fabrikaufseher, drakonische Strafen, Schreckensherrschaft, das sind alles Palliative. Der einzige Weg zur Wiedergeburt ist die Schule des öffentlichen Lebens selbst, uneingeschränkteste breiteste Demokratie, öffentliche *Meinung*. Gerade die Schreckensherrschaft demoralisiert. Fällt das alles weg, was bleibt in Wirklichkeit?“ Und schließlich analysiert sie, was daraus folgen wird: „Ohne allgemeine Wahlen, ungehemmte Presse- und Versammlungsfreiheit, freien Meinungskampf erstirbt das Leben in jeder der öffentlichen Institution, wird zum Scheinleben, in der die Bürokratie allein das tätige Element bleibt. Das öffentliche Leben schläft allmählich ein, einige Dutzend Parteiführer von unerschöpflicher Energie und grenzenlosem Idealismus dirigieren und regieren, unter ihnen leitet in Wirklichkeit ein Dutzend hervorragender Köpfe, und eine Elite der Arbeiterschaft wird von Zeit zu Zeit zu Versammlungen aufgeboten, um den Reden der Führer Beifall zu klatschen, vorgelegten Resolutionen einstimmig zuzustimmen, im Grunde also eine Cliquenwirtschaft ...“

Biographie • www.wolf-biermann.de • de.wikipedia.org/wiki/Wolf_Biermann

Samariterkirche (Berlin-Friedrichshain)

Die Samariterkirche, 1894 wurde sie eingeweiht, war bereits lange vor dem Umbruch 1989 ein wesentlicher Treffpunkt für Oppositionelle. Das hing vor allem mit Pfarrer Rainer Eppelmann zusammen, der hier seit 1974 als Gemeinde-

Erinnerungsstele an der Samariterkirche

pfarrer wirkte und ab 1979 in der Kirche die sogenannten „Bluesmessen" organisierte. Diese „Bluesmessen" waren eine Mischform von Gottesdienst, Konzert, Laientheater und Informationsveranstaltung. Zwei junge Musiker und Bluesfans hatten bei Eppelmann angefragt, ob sie die Kirche für ein Konzert nutzen könnten. Der Pfarrer willigte ein und entwickelte mit den beiden und anderen die „Bluesmessen". Die Besucherzahl dieser Veranstaltung überstieg rasch die von Weihnachtsgottesdiensten. Jugendliche reisten deswegen nach Ost-Berlin. Häufig mussten die Messen wegen des großen Besucherandrangs mehrfach hintereinander durchgeführt werden.

Die Organisation dieser Messen, die Meisterung der Konflikte mit dem Gemeindekirchenrat der Samariterkirche und ebenso der Konflikte mit der Leitung der Landeskirche war keine leichte Aufgabe. Der Gemeindekirchenrat und die Leitung der Kirche wurden von der Staatssicherheit und der SED massiv unter Druck gesetzt, um Eppelmanns Arbeit zu beenden. Diese Krisen aber waren es, die dem Pfarrer auch eine politische Statur verliehen, die nur wenige Dissidenten in der DDR erreichten. Am 25. Januar 1982 hatte Eppelmann gemeinsam mit Robert Havemann den „Berliner Appell – Frieden schaffen ohne Waffen" publiziert. Ein Plädoyer für die Entmilitarisierung der DDR (und der BRD) und für zwei entmilitarisierte und neutrale deutsche Staaten.

Im Juni 1989 wurde in der Samariterkirche ein Klagetrommeln veranstaltet, um an das Massaker auf dem Platz des

In der Samariterkirche wurde der Demokratische Aufbruch gegründet

Himmlischen Friedens in Peking (China) zu erinnern. Im Jahr 1989 wurde die Kirche der Treffpunkt für eine „Koordinierungsgruppe Wahlen". Diese Gruppe organisierte die oppositionelle Kontrolle der Stimmauszählungen bei den Kommunalwahlen vom 7. Mai 1989. Am 20. Oktober 1989 konstituierte sich in der Kirche die Bürgerbewegung „Demokratischer Aufbruch", nachdem ihre Zusammenkunft vorher mehrfach vom MfS behindert worden war. Rainer Eppelmann gehörte zu den Gründern dieser späteren Partei, für die er auch 1990 als Minister in die Regierung Modrow eintrat.

Samariterkirche • Samariterstraße 27 • 10247 Berlin • www.gsfn.de/kirchen/samariter/geschichte
Biographie • www.hdg.de/lemo/biografie/rainer-eppelmann.html
Bluesmessen • de.wikipedia.org/wiki/Blues-Messe

Erich Honecker (25.08.1912–29.05.1994)

Die DDR der 70er und 80er Jahre ist ohne den damaligen SED- und Staatschef Erich Honecker nur schwer zu verstehen.

Der am 25. August 1912 in Neunkirchen geborene Honecker wuchs in der Familie eines Bergarbeiters auf. Bereits 1922 wurde er Mitglied einer kommunistischen Kindergruppe. 1928 wurde er zum Ortsgruppenleider des Jugendverbandes der KPD, des KJVD, gewählt. Er galt damals als guter Redner. Am Ende der 20er Jahre wurde Honecker vom KJVD zum Studium an die Internationale Lenin-Schule in Moskau delegiert, wo er 1930/31 studierte. Nach der Machtübernahme der Nationalsozialisten 1933 arbeitete Honecker zunächst im Saarland, um dessen Beitritt zu Nazi-Deutschland zu verhindern. Als dies scheiterte, die Saarländer stimmten im Januar 1935 mit 90,5 Prozent für den Beitritt zum Deutschen Reich, floh Honecker kurzfristig nach Frankreich und nahm dann die illegale Arbeit in Deutschland auf. Bereits im Dezember 1935 wurde er verhaftet und 1937 zu zehn Jahren Zuchthaus verurteilt, die er in Brandenburg-Görden verbrachte.

Erich Honecker während eines Staatsbesuches 1974 in Kuba

Während eines Arbeitseinsatzes von Häftlingen im März 1945 in Berlin konnte Honecker mit einem Mithäftling fliehen. Er versteckte sich in der Wohnung einer Gefängnisaufseherin. Auf ihr Zureden hin meldete er sich aber nach einigen Tagen im Zuchthaus zurück. Der Gefängnisaufseherin und dem Bautruppführer gelang es, Honeckers Flucht zu vertuschen.

Unmittelbar nach dem Ende des Krieges lernte Honecker Walter Ulbricht persönlich kennen. Bis in den Sommer des Jahres wurde über seine weitere Verwendung in der KPD noch nicht entschieden. Er musste sich zunächst einem Parteiverfahren stellen, in dem er sich für seine Flucht aus dem Gefängnis Brandenburg, die nicht mit seinen Mithäftlingen abgestimmt war, verantworten musste. Das Parteiverfahren endete mit einer strengen Rüge, dennoch konnte er seine Karriere in der KPD und später SED fortsetzen.

1946 gründete er mit anderen die Freie Deutsche Jugend und übernahm ihre Führung. Als FDJ-Vorsitzender organisierte er seit 1950 die drei großen „Deutschlandtreffen der Jugend“ in Berlin und wurde 1950 bereits Kandidat des

Politbüros der SED. In den innerparteilichen Auseinandersetzungen der 50er und 60er Jahre stellte er sich immer wieder auf die Seite Walter Ulbrichts und half seinem Mentor, dessen innerparteiliche Gegner zu verdrängen.
Von 1955 bis 1957 hielt er sich zu Schulungszwecken in Moskau auf und erlebte den XX. Parteitag der KPdSU mit, auf dem Stalins Nachfolger Chrutschow seine berühmte Rede hielt, in der er einen Teil der Verbrechen Stalins benannte und verurteilte. Nach seiner Rückkehr wurde Honecker vollgültiges Mitglied des Politbüros und dort zuständig für Sicherheitsfragen. In dieser Funktion war Honecker maßgeblich verantwortlich für den Bau der Mauer.
Nachdem sich Honecker der Unterstützung der sowjetischen Führung vergewissert hatte, drängte er mit anderen Walter Ulbricht 1971 zum Rücktritt und wurde sein Nachfolger als Erster Sekretär des Zentralkomitees. Er wurde außerdem Vorsitzender des Staatsrats und des Nationalen Verteidigungsrats. In diesen Funktionen entschied Honecker, ganz wie Ulbricht vor ihm, alle wesentlichen Fragen der DDR-Entwicklung.
Einer der engsten Mitarbeiter Honeckers war der ZK-Sekretär für Agitation und Propaganda, Joachim Hermann. Täglich konferierte Honecker mit ihm über die Medienarbeit der Partei. Hier wurden auch die Inhalte der zentralen SED-Tageszeitung „Neues Deutschland“ sowie die Abfolge der Meldungen der Fernsehnachrichtensendung „Aktuelle Kamera“ festgelegt. Während Honeckers Amtszeit wurde die DDR in die UNO aufgenommen und der Grundlagenvertrag mit der Bundesrepublik ausgehandelt.
Der Historiker Martin Sabrow schrieb im August 2012 im „Spiegel“ über Honecker: „Honecker sicherte die Macht der SED mit einem Pakt gegen die Haushaltsvernunft, der die sozialen Vergünstigungen höher gewichtete als die wirtschaftliche Wertschöpfung. Im Bündnis mit einem kompromisslosen Wirtschaftslenker Günter Mittag und einem Sicherheitsminister Erich Mielke gelang es Honecker mit zielsicherem Geschick, den Ausbau des Sozialstaats durch den Ausbau des geheimpolizeilichen Überwachungsstaats

zu flankieren und das sozialistische Experiment an der Nahtstelle der beiden Ordnungssysteme des Kalten Krieges erstaunlich lange am Leben zu erhalten. Bis zum Ende der achtziger Jahre blieb ausgerechnet jener sozialistische Staat, dessen Bürger keine territoriale, nationale oder kulturelle Eigenidentität von ihren Landsleuten westlich der Elbe trennte, eines der ruhigsten Länder des ganzen Ostblocks mit einer vergleichsweise schwachen Opposition."

Von Honecker findet sich heute keine wirkliche Spur in Berlin. Er starb in 1994 in Chile. Sein Haus in der früheren Sondersiedlung bei Wandlitz gehört heute zum Areal der Brandenburgklinik.

Wer sich intensiver mit Erich Honecker beschäftigen will, sollte sich ein Buch besorgen. Sehr informativ und gut geschrieben ist die Lebensbeschreibung von Ulrich Völklein mit dem Titel „Honecker. Eine Biographie" (2003, Aufbau Taschebuch).

Biographie • www.hdg.de/lemo/biografie/erich-honecker.html • Martin Sabrow: Der unterschätzte Diktator, in: Der Spiegel 34/2012, www.spiegel.de/spiegel/print/d-87818590.html

Politbürosiedung Wandlitz • de.wikipedia.org/wiki/Waldsiedlung_(Bernau_bei_Berlin) • www.wandlitz-waldsiedlung.de/

Ein NVA-Soldat auf der Ehrenparade zum 40. Jahrestag der Gründung der DDR am 7. Oktober 1989

AGONIE UND AUFBRUCH

Die Zeichen einer endgültigen Krise der DDR standen den Zeitgenossen durchaus vor Augen. Da ein Ende der Teilung Europas jedoch als undenkbar erachtet wurde, wurden sie damals als nicht wirklich relevant angesehen. Außerdem schien die DDR, im Unterschied zu vielen anderen Gesellschaften Osteuropas, nicht wirklich über eine breite gesellschaftliche Opposition zu verfügen.

Schon vor der beginnenden Ära Gorbatschow in der Sowjetunion entstanden in der DDR und ganz besonders in Ost-Berlin halblegal agierende oppositionelle Gruppen, die zwar nicht über großen gesellschaftlichen Rückhalt, aber doch über eine erstaunliche Aktionsfähigkeit in der ganzen DDR verfügten. Mehr oder minder war diese Halblegalität oppositioneller Gruppen protestantischen Pfarrern geschuldet, die ihre Kirchengemeinden davon überzeugten, auch solchen Anliegen einen Raum zu verschaffen, die sich im Rest der Gesellschaft keinen Ausdruck verschaffen konnten. Die Strukturen der protestantischen Kirche ermöglichten es den Aktivisten der Oppositionsgruppen zudem, sich in der DDR zu vernetzen. Die protestantische Kirche selbst jedoch verstand sich nur als Schutzraum ausgegrenzter Menschen, nicht als Opposition.

Als sich mit der großen Fluchtwelle im Sommer und Herbst 1989 das Ende der DDR ankündigte, waren die hier im Vergleich zu anderen osteuropäischen Ländern eher kleinen Gruppen Oppositioneller bereits an gemeinsames Handeln gewöhnt und konnten so entscheidenden Einfluss auf den friedlichen Untergang der ostdeutschen Staates ausüben. Gleich in mehreren Ausstellungen in Berlin kann man sich einen Eindruck von den ganz verschiedenen Versuchen machen, eine Opposition in der DDR zu formieren. Eine dieser Ausstellungen behandelt Opposition und Widerstand eher aus der Perspektive des MfS. Sie ist seit Januar 2015 im

Stasi-Museum unter dem Titel „Staatssicherheit in der SED-Diktatur" zu besichtigen.

Stasi-Museum Berlin • Ruschestraße 103, Haus 1 • 10365 Berlin • Tel. 030 5536854 • www.stasimuseum.de • Mo.–Fr. 10–18 Uhr, Sa./So. 12–18 Uhr

Waldfriedhof Grünheide (Grünheide)

Viele der im Herbst 1989 entstandenen Oppositionsgruppen hatten nicht nur christliche Wurzeln, sie hatten auch linke Unterstützer. In ihren sehr verschiedenen Programmen vom Herbst 1989 gingen sowohl christliche Zivilisationskritik als auch antikapitalistische Vorstellungen mit ein.

Ein wesentlicher Ort, an dem diese Verschmelzung stattfand, liegt außerhalb Berlins in Grünheide. Hier lebte und wirkte bis zu seinem Tod 1982 der Regimekritiker Robert Havemann. Bei seiner Beerdigung am 17. April 1982 auf dem Friedhof Grünheide trafen sich viele der Aktivisten der kleinen Oppositionsgruppen der DDR. 250 Menschen waren gekommen. Die Predigt am Grab hielt der evangelische Pfarrer Rainer Eppelmann von der Samariterkirche, die in den 80er Jahren ein wesentlicher Ort oppositionellen Denkens und Handelns war.

Das Grab von Robert Havemann

Havemanns Witwe Katja war eine der Mitbegründerinnen der größten Oppositionsgruppe im Herbst 1989, des Neuen Forums. Die Gruppe selbst wurde am 9./10. September 1989 im Haus von Katja Havemann, nicht weit vom Friedhof entfernt gegründet.

Wer ein gutes Buch über die linken, marxistischen Oppositionellen in der DDR der 70er und 80er Jahre sucht, dem sei die von Katja Havemann und dem Journalisten Joachim Widmann verfasste Publikation „Robert Havemann oder wie die DDR sich erledigte" (2003, Ullstein) empfohlen.

Grab von Robert Havemann • Waldfriedhof Grünheide • 15537 Grünheide • Am Schlangenluch • www.panoramio.com/photo/71060380

Jürgen Fuchs (19.12.1950–09.05.1999)

Die Geschichte der oppositionellen Gruppen in der DDR und ihres Milieus in den 70er und 80er Jahren kann man in den Büchern eines ihrer Aktivisten, des 1950 im Vogtland geborenen Jürgen Fuchs, besonders gut nachverfolgen. Mit seinem Stil, einer Mischung aus Fiktion und Dokumentation, ermöglicht er es dem Leser, ganz dicht an die Erfahrung von Opposition in der DDR heranzutreten.

Fuchs war bereits früh mit kritischen Meinungsäußerungen aufgefallen. Schon in der Schule wurden seine Haltungen zur Niederschlagung des Prager Frühlings geahndet. 1969 machte er sein Abitur und entschloss sich, den Wehrdienst bei der NVA abzuleisten, um später studieren zu können. Wer den Wehrdienst mit der Waffe verweigerte, was seit den 60er Jahren in der DDR möglich war, und stattdessen ein „Bausoldat" wurde, dem wurde in der Regel das Studium an einer staatlichen Hochschule der DDR verweigert.

Jürgen Fuchs hat seine Erfahrungen literarisch verarbeitet. Neben vielen Essays, Gedichten und politischen Kommentaren hat er mit seinen drei autobiographischen Romanen „Fassonschnitt" (1984), „Das Ende einer Feigheit" (1988) und „Magdalena" (1998) eine Romantrilogie geschaffen, die um die wesentlichen existenziellen Entscheidungen kreist, vor die sich Oppositionelle auch in der späteren DDR gestellt sahen: Wie lange sollte man mitmachen? Ab wann sollte man sich den Zumutungen des Regimes verweigern? Lohnte es überhaupt zu widerstehen?

Jürgen Fuchs stellt 1998 in Hamburg sein Buch „Magdalena" vor

Jürgen Fuchs schreibt sehr authentisch von der Entstehung und der Bedeutung von Zivilcourage in den letzten beiden Dekaden der DDR. Schon während der Ableistung des Wehrdienstes begann er Gedichte, Tagebücher und kurze Texte zu verfassen. Da ihn die Schulleitung nach dem Abschluss des Abiturs als „politisch unzuverlässig" bezeichnete, bedurfte es einer Eingabe, bevor er an der Universität in Jena Psychologie studieren konnte. 1973 trat Fuchs in die SED ein, um schwerer angreifbar zu sein. Bereits 1975 wurde er jedoch aus SED und FDJ ausgeschlossen. Kurz vor dem Abschluss seines Studiums, seine Arbeit war bereits mit „sehr gut" bewertet worden, wurde er wegen seiner Gedichte und Texte vom Disziplinarausschuss der Jenaer Universität zum „Ausschluss von allen Universitäten, Hoch- und Fachschulen der DDR" verurteilt und zwangsexmatrikuliert.
Nach der Exmatrikulation zog Jürgen Fuchs mit seiner Frau und seiner kleinen Tochter im Sommer 1975 auf das Grundstück des Chemikers Robert Havemann in Berlin-Grünheide. Nach der Ausbürgerung des Dichters Wolf Biermann im November 1976 wurde er einer der Hauptorganisatoren einer Protesterklärung von DDR-Schriftstellern gegen die-

se Ausbürgerung. Er wurde deshalb am 19. November 1976 wegen angeblich „staatsfeindlicher Hetze“ verhaftet und im zentralen Untersuchungshaftgefängnis des MfS in Berlin-Hohenschönhausen verhört. Nach 281 Tagen Haft wurde Fuchs gemeinsam mit anderen unter Androhung langer Haftstrafen zur Ausreise gezwungen.
Er ließ sich in West-Berlin nieder und unterstützte durch vielerlei Initiativen Oppositionsgruppen in der DDR. In seinem Buch „Magdalena“ beschreibt Fuchs detailliert die Wirkungsmechanismen der Staatssicherheit und kritisiert die aus seiner Sicht ungenügende Aufarbeitung der DDR-Vergangenheit. Ein jüngst erschienenes Buch mit dem Titel „Im Dialog mit der Wirklichkeit. Annäherungen an Leben und Werk von Jürgen Fuchs“ (2014, Mitteldeutscher Verlag) versammelt neben Texten von Fuchs auch Erinnerungen von Weggefährten.

Grab von Jürgen Fuchs • Heidefriedhof • Reißeckstraße 14 • 12107 Berlin

Gedenktafel am Geburtshaus • Am Mühlgraben 3 • 08468 Reichenbach.

Biographie • de.wikipedia.org/wiki/Jürgen_Fuchs_(Schriftsteller)

Zionskirche (Berlin-Mitte)

Die Zionskirche, einst vom preußischen König Wilhelm I. aus Dankbarkeit über ein gescheitertes Attentat finanziert, spielte für die Vernetzung der kleinen DDR-Oppositionsgruppen in den 80er Jahren eine wesentliche Rolle. In den Gemeinderäumen der Kirche wurde im September 1986 die „Umweltbibliothek Berlin“ eingerichtet. Hier konnte man neben Büchern zu Fragen der Umweltpolitik der DDR auch viele weitere in der DDR nur unter dem Tisch verteilte Bücher einsehen und ausleihen.
Von den Mitgliedern der „Umweltbibliothek“ wurden auch „Umweltblätter“ herausgegeben, die in hunderten Exemplaren in der gesamten DDR verteilt wurden. Die Zeitschrift, die mit Erlaubnis der Kirche erstellt wurde und

Stasi-Mitarbeiter überwachen im November 1987 Besucher der Zionskirche

dadurch einen legalen Staus hatte, war die bedeutendste Kommunikationsplattform der DDR-Opposition in den 80er Jahren.

In der „Umweltbibliothek" wurden öffentliche Diskussionen veranstaltet, Ausstellungen, Konzerte und Partys organisiert. Mit den vorhandenen Räumen, der Bibliothek und einer eigenen Druckmaschine sowie der Zeitschrift und ihren Verteilern wurde die „Umweltbibliothek" zu einem der Organisationszentren der DDR-kritischen Gruppen.

Die Räume der Bibliothek wurden am 25. November 1987 von Mitarbeitern des Ministeriums für Staatssicherheit durchsucht, einige der Redakteure der Zeitschrift, z. B. Wolfgang Rüddenklau, wurden verhaftet. Ursprünglich wollten die Stasi-Mitarbeiter die Mitarbeiter der „Umweltblätter" dabei ertappen, wie sie die nicht von der Kirche legalisierte Zeitschrift „grenzfall" der „Initiative Frieden und Menschenrechte" drucken. Doch als das MfS anrückte, wurden gerade ganz legal die „Umweltblätter" gedruckt. Eigentlich war der Stasi-Einsatz als Einschüchterung der Oppositionsgruppen gedacht. Er bewirkte das ganze Gegenteil. Die Durchsuchungsaktion löste eine DDR-weite Mobilisierung der Oppositionsgruppen und ihrer Freunde aus. Mit Mahn-

grenzfall

Nr. 2

INHALT:

- FRIEDENSWERKSTATT '86 UND DANACH
- Gegendarstellung
- Gratulationsbedenken
- RUND UM SCHÖNBERG
- Brief an polnischen Generalstaatsanwalt
- POLEN nach der AMNESTIE
- Zwischenbilanz zur Willenserklärung
- Kleiner Kulturbeitrag

Keine Straße durch jüdischen Friedhof

Am 26. 9. gab der Vorsitzende der jüdischen Gemeinde in Berlin (West) Heinz Galinski in einem Interview bekannt, daß er vom DDR- Staatssekretär für Kirchenfragen, Gysi, darüber informiert wurde, daß die geplante Straße durch den jüdischen Friedhof in Berlin-Weißensee nun doch nicht gebaut werden soll bzw. nicht durch den jüdischen Friedhof verläuft.

Bluesmesse

Eine Reflektion

Schon im Vorfeld der Veranstaltung kam es zu Auseinandersetzungen zwischen den Organisatoren und einigen Vertretern der Kirchenleitung wegen angeblicher "sprachlicher Entgleisungen" in den vorgelegten Tex-

nur für innerkirchl. Gebrauch

Titel einer „grenzfall"-Ausgabe

gottesdiensten, Protestbriefen und Demonstrationen übten die Gruppen bereits Ende 1987, was zwei Jahre später zu ihrem Erfolgsrezept werden sollte: gewaltfreier, öffentlicher, ziviler Ungehorsam für Menschenrechte. Die Inhaftierten kamen frei.

Das Archiv der „Umweltbibliothek" befindet sich heute in den Archivräumen der Robert-Havemann-Gesellschaft und ist damit zu einem Grundstock der wohl größten Sammlung von Materialien aus der DDR-Opposition der 80er Jahre geworden.

Zionskirche • Zionskirchplatz • 10119 Berlin • www.zionskirche-berlin.de • Di. 15–17 Uhr, Mi.–Sa. 14–19 Uhr, So. (auch Turmbesteigung) 12–17 Uhr

Robert-Havemann-Gesellschaft e. V. • Schliemannstraße 23 • 10437 Berlin • Tel. 030 44710810 • www.havemann-gesellschaft.de

Gedenkstein für Sinti und Roma
(Berlin-Marzahn)

Mit dem Beginn der Ära Gorbatschow veränderten sich auch die Maßstäbe der DDR-Erinnerungspolitik. Im Jahr 1985 wurde so deshalb etwas möglich, das vorher undenkbar gewesen wäre. Als der Autor Reimar Gilsenbach sich an den Staatsratsvorsitzenden Erich Honecker wandte und um ein Zeichen der Erinnerung an den nationalsozialistischen Völkermord an den Sinti und Roma bat, wurde dies tatsächlich genehmigt. Das Zentralkomitee der SED fasste einen Beschluss und übertrug die Durchführung den örtlichen Bezirksgremien der SED. Einer der Gedenksteine wurde in Marzahn aufgestellt. Hier hatte die NSDAP zeitgleich zu den Olympischen Spielen 1936 ein Zwangslager für Sinti und Roma eingerichtet. Der Bildhauer Jürgen Raue erhielt den Auftrag, den Gedenkstein zu entwerfen, und schon am 12. September 1986 wurde er auf dem Parkfriedhof Marzahn, rechts des verlängerten Hauptweges im hinteren Friedhofsteil zum Ausgang Raoul-Wallenberg-Straße, eingeweiht. An der Einweihungszeremonie nahmen Berliner Sinti, Repräsentanten der Freien Deutschen Jugend, der Pfarrer Bruno Schottstädt von der evangelischen Kirchengemeinde Marzahn/Nord und Vertreter des Ökumenischen Forums Berlin-Marzahn teil. Zum ersten Mal würdigten staatliche Repräsentanten der DDR die Opfer des nationalsozialistischen Völkermords an den Sinti und Roma. Schon am 29. Juni 1986 war dem eine Gedenkveranstaltung der evangelischen Kirche an diesem Gedenkort vorausgegangen.

Gedenkstein für die Sinti und Roma von 1986

Parkfriedhof Marzahn • Wiesenburger Weg 10 • 12681 Berlin • Tel. 030 9329295 • www.berlin.de/ba-marzahn-hellersdorf/verwaltung/natur/parkfriedhof_marzahn.html

Nikolaiviertel (Berlin-Mitte)

In den 70er und 80er Jahren begann die DDR ihren ursprünglich harschen Kampf gegen Symbole aus der nationalen, preußischen und imperialen Vergangenheit Berlins abzuschwächen. An verschiedenen Orten der Stadt begann man vorsichtig Teile des alten Berlins zu restaurieren. So geschah es auch mit dem Nikolaiviertel, das genau an der Stelle steht, an der Berlin 1237 gegründet wurde.

Das Viertel war bei der Bombardierung der Stadt und den Straßenkämpfen kurz vor Kriegsende weitgehend zerstört worden. Nach Kriegsende wurden auch noch weniger zerstörte Gebäude abgerissen. Die Stadtplanung in Ost-Berlin

Blick in das Nikolaiviertel

hatte zunächst den Bau neuer Wohnungen oder repräsentative Bauten im Sinn. Das alte Stadtzentrum wurde dabei eher vernachlässigt. Von 1959 existiert eine Planungsunterlage, die zeigt, dass man an der Stelle des Nikolaiviertels ein Hafenbecken für die beliebten Ausflugsdampfer einrichten wollte.

Die Situation änderte sich erst, als die 750-Jahrfeier Berlins bevorstand. Die Stadtplaner beschlossen nun, das Viertel zu renovieren und zu rekonstruieren. In einem programmatischen Papier wurde verlangt, der alte Stadtkern Berlins müsse „seiner historischen Bedeutung gemäß mit neuen, rekonstruierten und wiederaufgebauten Gebäuden, Straßen und Plätzen ... so zu einer harmonischen Einheit geformt werden, daß der lebendige Bezug zum Ursprünglichen ... erlebbar ist". Im Jubiläumsjahr 1987 wurde das Bauvorhaben beendet.

Um die Verbindung von Vergangenheit, Gegenwart und Zukunft sichtbar zu machen und das Nikolaiviertel auch in die Erzählung über den Aufbau des Sozialismus in die DDR einzuordnen, wurde an der Ecke Poststraße/Rathausstraße vom Bildhauer Gerhard Thieme aus Betonwerkstein ein Bilderrelief erstellt. Das Relief beginnt in der Poststraße beim Eingang des Restaurants „Zur Gerichtslaube" und zieht sich dann bis in die Rathausstraße hinein.

Das Nikolaiviertel mit der namengebenden Kirche im Zentrum

Aber nicht nur vordergründig deutlich wurde die DDR-Ideologie in die Rekonstruktion des Viertels eingearbeitet. Manches davon entdeckt man erst auf den zweiten Blick. Wer direkt vor der Nikolaikirche steht, blickt auf die gleich rechts vor der Eingangstüre angebrachte Plakette, auf der die Geschichte der Kirche nacherzählt wird. Dort wird nicht nur erwähnt, dass es sich um das älteste Bauwerk Berlins handelt und dass in der Kirche im Jahr 1809 die erste Stadtverordnetenversammlung tagte, da heißt es auch: „1945, Zerstörung durch anglo-amerikanische Bomber, 1981–1987, Wiederaufbau auf Beschluß des Ministerrates der DDR." Dies war eine typische Floskel der DDR-Propaganda, die bis zum Ende die Sowjetarmee einseitig als Befreier vom Faschismus bejubelte und im gleichen Atemzug den Westalliierten blinde Zerstörungswut attestierte. Sosehr die Rekonstruktion des Nikolaiviertels einen Aufbruch der DDR in den späten 80er Jahren signalisiert, die Abwertung des Westens und insbesondere der USA war noch nicht verschwunden.

Information • http://berlin-nikolaiviertel.com • www.nikolaiviertel-berlin.de • de.wikipedia.org/wiki/Nikolaiviertel

Centrum Judaicum (Berlin-Mitte)

Heute gehört die Synagoge in der Oranienburger Straße mit ihrer weithin sichtbaren goldenen Kuppel wieder zum Stadtbild Berlins. Als die DDR noch existierte, waren hier nur Reste einer Ruine zu sehen. Erst 1988 begann die Rekonstruktion des Gebäudes, die Stiftung „Centrum Judaicum“ wurde am 4. Juli gegründet. Am 10. November 1988, dem 50. Jahrestag des Pogroms von 1938, fand die symbolische Grundsteinlegung statt. Erst seit dem Mai 1995 existiert das Gebäude mit der ständigen Ausstellung „Tuet auf die Pforten“ zur Geschichte der Synagoge in seiner gegenwärtigen Form. Die Umstände der Rekonstruktion der Synagoge noch zu den Zeiten des SED-Regimes 1988 sind höchst bemerkenswert. Daniel Feurstein beschrieb sie am 4. Juli 1998 in der linken „tageszeitung“ so: „Im Herbst (1988, d. A.) kommt Edgar Bronfmann, Präsident des Weltkongresses, im Privatjet in die DDR-Hauptstadt gereist. Soldaten der Nationalen Volksarmee rollen den roten Teppich aus. Lächelnd tritt Honecker auf Bronfmann zu und begrüßt ihn wie einen Genossen aus alten Tagen. Wunderliche Politik: Kurz zuvor hat er ihn noch einen ‚Agenten des US-Imperialismus‘ genannt. Doch seit Mitte der achtziger Jahre orientiert sich die DDR um. Honecker will unbedingt ins Weiße Haus eingeladen werden, auch um den Außenhandel mit den USA anzukurbeln. Und Bronfmann soll in Washington ein gutes Wort für den DDR-Staatschef einlegen. Als Dankeschön versprach die Arbeiter-und-Bauern-Republik, die einst größte Synagoge Deutschlands wiederaufzubauen.“ Da man aber Probleme hatte, die notwendigen Mittel aufzutreiben, verstieg man sich auf das Akquirieren von internationalen Spenden mithilfe der im Juli 1988 gegründeten Stiftung Feurstein: „Bronfmann ist der erste, dem Honecker die Sammelbüchse hinhält.“
Die DDR hatte jüdische Gemeinden an den Rand der Gesellschaft und die Geschichte der Vernichtung der europäischen Juden an den Rand ihres historischen Gedächtnisses gedrängt. Wiedergutmachung, Haftung und Verantwortung waren für sie Fremdworte. „Bis zu ihrem Untergang unter-

Die Berliner Synagoge wurde ab Ende 1988 restauriert

hielt die DDR keine diplomatischen Beziehungen zu Israel, zahlte keine Wiedergutmachung an einzelne Juden oder Israel, blieb ein loyaler Verbündeter der PLO und der arabischen Staaten und behandelte den Holocaust als Randerscheinung" resümierte der Historiker Jeffrey Herf in seiner Studie „Zweierlei Erinnerung" (1998, Propyläen) über diese Politik.

Bereits 1955 lebten in der ganzen DDR nur noch 1.715 jüdische Gemeindemitglieder, 1976 noch 726, im Herbst 1989 umfasste der Verband jüdischer Gemeinden dann lediglich 372 Mitglieder. Viele Überlebende oder aus der Emigration zurückkehrende Juden glaubten zunächst, in der sich selbst als „antifaschistisch" bezeichnenden DDR würde der Nationalsozialismus radikaler beseitigt als in Westdeutschland, antisemitische Pogrome oder Verfolgungen wären hier ausgeschlossen. Die massive antisemtisch-antizionistische Kampagne der DDR zu Beginn der 50er Jahre, in deren Gefolge Paul Merker eingesperrt wurde, setzte diesen Hoffnungen ein Ende.

Die Geschichte von Juden und von Judenfeindschaft in der DDR ist bislang nicht sehr gut aufgearbeitet. Die „Amadeu Antonio Stiftung" hat zu dem Thema eine Wanderausstellung mit dem Titel „Das hat's bei uns nicht gegeben!" erarbeitet. Das 2010 erschienene Begleitbuch zur Ausstellung kann über die Stiftung bezogen werden.

Centrum Judaicum • Oranienburger Straße 28–30 • 10117 Berlin • Tel. 030 88028300 • www.centrumjudaicum.de • April–Sept. Mo.–Do., Sa. 10–18 Uhr, Fr. 10–18 Uhr, Okt.–März Mo.–Do., Sa. 10–18 Uhr, Fr. 10– 19 Uhr

Ausstellung der „Amadeu Antonio Stiftung" • Linienstraße 139 • 10115 Berlin • Tel. 030 24088610 • www.amadeu-antonio-stiftung.de/service-1/ausstellungen/

Harald Hauswald (* 03.05.1953)

Selbst denjenigen, die die DDR noch aus der Zeit kennen, als die Mauer stand, fällt es schwer, ihre Spuren im heutigen Stadtbild zu erkennen. Ein probates Hilfsmittel für die

bildliche Erinnerung oder Neuentdeckung sind Bildbände zu Ost-Berlin in der DDR-Zeit, von denen es inzwischen einige gibt. Besonders empfehlenswert sind dabei die Arbeiten von Harald Hauswald.
Geboren wurde Hauswald 1954 im Stadtteil Radebeul von Dresden, er zog 1977 nach Ost-Berlin. Hier ging er zunächst Tätigkeiten als Heizer, Restaurator und Fotolaborant nach, später arbeitete er als Fotograf in der Stephanus-Stiftung in Berlin-Weißensee. 1989 wurde er in den Verband Bildender Künstler der DDR aufgenommen. Vor allem durch das Buch „Berlin-Ost. Die andere Seite einer Stadt", das zum ersten Mal bereits 1987 im Piper Verlag n München erschien, gilt Harald Hauswald als bedeutender Fotograf, dessen Bilder den Untergang der DDR dokumentierten. Wer die späte DDR noch einmal direkt ansehen möchte, kann neben dem Erwerb von Büchern Hauswalds auch eine seiner Ausstellungen besuchen. Angaben zu aktuellen Möglichkeiten findet man auf seiner Internetseite.
Harald Hauswald • www.harald-hauswald.de

Jugendwiderstandsmuseum in der Galiläakirche (Berlin-Friedrichshain)

Wer sich ein plastisches Bild von dem Milieu machen möchte, aus dem im Herbst 1989 die oppositionellen Gruppen entstanden, die später am Zentralen Runden Tisch einen gewaltfreien Übergang zu einer demokratischen DDR aushandelten, der muss das Jugendwiderstandsmuseum in der Galiläakirche gesehen haben.
Mit der ständigen Ausstellung unter dem Titel „Wartet nicht auf bess're Zeiten" zeichnet das Museum die Entstehung und Vielgestaltigkeit jenes deutlich protestantisch geprägten Milieus nach, in dem allerhand möglich war, das an anderen Orten der DDR-Gesellschaft nicht ausgedrückt werden konnte.
Auf ihrer Internetseite schreiben die Ausstellungsgestalter: „In der Ausstellung bekommt man anhand von originalen

Die Galiläakirche beherbergt das Jugendwiderstandsmuseum

Ausstellungstücken sowie Bild- und Tondokumenten einen Einblick in eine jugendliche Lebenswelt noch früher Vergangenheit, welche sich jedoch aufgrund der politisch gesetzten Rahmenbedingungen im SED-Staat maßgeblich von der heutigen Lebenswirklichkeit unterscheidet. Der konzeptionelle Ansatz dient dazu, die schwierigen Lebensbedingungen insbesondere von alternativ orientierten Jugendlichen in der DDR, der jungen Generation von heute zugänglich zu machen." Den Verantwortlichen gelingt darüber hinaus etwas, das sich leider an keiner anderen Stelle Berlins finden lässt. Sie beschreiben deutlich die protestantischen Wurzeln dieses Milieus der DDR-Opposition.

Als Oppositionsgeschichte aufgeschrieben findet sich diese Deutung vor allem in einem Buch des ehemaligen DDR-Pfarrers Erhard Neubert. Er veröffentlichte 1990 die Studie mit dem Titel „Eine protestantische Revolution" (Kontext Verlag) und 1997 gewissermaßen die ausführliche Version unter der Überschrift „Geschichte der Opposition in der DDR 1949–1989" (Ch. Links Verlag).

Jugendwiderstandsmuseum in der Galiläakirche • Rigaer Straße 9 • 10247 Berlin • Tel. 030 41728677 • widerstandsmuseum.de • Di.–Sa. 11–19 Uhr

Geschichte der DDR-Jugendopposition • www.jugendopposition.de

Nach der Maueröffnung am Grenzübergang Heinrich-Heine-Straße

AUFLÖSUNG

Gedenkstätte Berliner Mauer

Das Ende der DDR und ihr Beitritt zum Grundgesetz der Bundesrepublik Deutschland kamen für viele Zeitgenossen überraschend. Von heute aus gesehen sind die damaligen Vorgänge jedoch nicht wirklich verwunderlich.

Es war den Gründern des zweiten deutschen Staates nicht gelungen, bei dessen Bürgern Respekt, Anerkennung und Legitimation zu finden. Schon nach vier Jahren, am 17. Juni 1953, hatten die Bürger der DDR rebelliert und mit der Flucht von ca. drei Millionen Menschen bis 1961 gezeigt, dass dieses Modell des Sozialismus, eine Diktatur sowjetischen Typs, von ihnen nicht gewollt und gewünscht wurde. Nur durch die Schließung des letzten Zwischenraums in der Grenze zwischen den beiden deutschen Staaten, in Berlin, konnte der Kollaps der DDR verhindert werden. Die regierende Partei der DDR, die SED, stützte sich als letztem Anker ihrer Macht auf die Sowjetunion. Die Reformbewegungen in Ost-Europa und die neue Politik Gorbatschows setzten dem ein Ende. Ohne die Unterstützung der Sowjetunion war die DDR nicht zu halten.

Im Sommer und Herbst 1989 zeigten die Bürger der DDR durch ihre Proteste, dass sie sich vom „ersten Arbeiter-und-Bauernstaat auf deutschem Boden“ längst verabschiedet hatten. In den Wahlen im März 1990 stimmten sie mehrheitlich für die Parteien, die eine rasche Vereinigung mit der Bundesrepublik zu ihrem Ziel erhoben hatten. Außerdem trat erneut etwas auf, was durch den Mauerbau bis dahin gewaltsam gestoppt worden war. Die Bürger der DDR verließen in großer Zahl den Staat. Die einen erzwangen ihre Ausreise durch die Besetzung der bundesdeutschen Botschaften in Warschau und Prag, die anderen gingen über die zwischenzeitlich „offene“ Grenze zwischen Ungarn und Österreich in den Westen. Für 1989 registrierte die vom Ministerium für Staatssicherheit geschaffene „Zentrale Koordinierungsgruppe von Flucht und Übersiedlung“ bis zum 8. Oktober allein 53.576 gelungene Fluchten. Mit dem Fall der Mauer schwoll dieser Strom noch einmal deutlich an. Die massenhafte Flucht aus der DDR auch nach den politischen Veränderungen des Spätherbstes 1989, die u. a. die Reisefreiheit brachten, war einer der wesentlichen Gründe für die mit großer Geschwindigkeit vorangetriebene Vereinigung beider deutscher Staaten.
In Berlin war die Freude über das Ende der DDR besonders groß. Denn hier hatte man die Teilung Deutschlands tagtäglich erlebt, waren die West-Berliner fast drei Jahrzehnte im wahrsten Sinne des Wortes eingemauert gewesen, hatten die Mauertoten das unmenschliche Grenzregime bewiesen. Nun konnte die Stadt endlich wieder zusammenwachsen, gegenseitige Besuche waren wieder möglich, das Erkunden der gesamten Stadt.
Seit dem 2. März 1990 umrunden auch wieder Ausflugsdampfer die Stadt. Das Angebot der Ausflugsfahrten ist groß. Besonders luxuriös und angenehm ist die sogenannte „Brunchfahrt“ mit den Booten „Philippa“ und „Josefine“, bei der man den Stadtkern Berlins in etwa drei Stunden einmal umrundet. Auf dieser Fahrt ist noch eine Menge von der DDR und Ost-Berlin zu sehen.

van Loon Restaurantschiffe • Carl-Herz-Ufer 5 • 10961 Berlin • Tel. 030 6926293 • www.vanloon.de

Gethsemanekirche
(Berlin-Prenzlauer Berg)

Der wohl wichtigste Ort des friedlichen politischen Umbruchs in der DDR befindet sich nicht in Berlin, er befindet sich in Leipzig. Dort demonstrierten am 9. Oktober etwa 60.000 Menschen über den Altstadtring und, trotz anderslautender Ankündigungen, es wurde nicht auf sie geschossen. Dies war ein Meilenstein im Fortgang der Proteste und ein Hoffnungsschimmer, dass der politische Umbruch einen friedlichen Charakter annehmen würde.

Das hatte zwei Tage zuvor, am Abend des 7. Oktober 1989, in Ost-Berlin noch ganz anders ausgesehen. Am 40. Geburtstag der DDR, Michail Gorbatschow war zu Besuch, war eine Demonstration junger Leute aus dem Stadtzentrum in den Prenzlauer Berg gezogen, besser gesagt, sie waren aus der Stadtmitte vertrieben worden, wo sie sich mit Rufen wie „Neues Forum" und „Keine Gewalt", aber auch „Gorbi, Gorbi" bis in den Palast der Republik hinein hörbar gemacht hatten.

Zurückgetrieben in den Bezirk Prenzlauer Berg begaben sie sich in die Gethsemanekirche und stellten vor ihrem Portal hunderte Kerzen zum Gedenken an die in Leipzig, Potsdam und anderen Städten bei Demonstrationen Verhafteten auf. Etwa um 21 Uhr wurde die Umgebung des nicht weit entfernt liegenden S- und U-Bahnhofs Schönhauser Allee von der Polizei abgeriegelt. Vergitterte Lastwagen und Wasserwerfer fuhren auf. Etwa um 24 Uhr wurde die friedliche Menge auseinandergeprügelt. In der folgenden Nacht wiederholte sich diese Prügelorgie der Polizei, dieses Mal direkt an der Gethsemanekirche. Die Polizeieinheiten kesselten die Besucher einer Fürbittandacht ein, verhafteten viele von ihnen und trieben den Rest später in der Nacht auseinander.

Die Aufklärung des Ablaufs dieser Polizeieinsätze und die Bestrafung der Verantwortlichen wurde später in Berlin eine der Vorbedingungen für den Dialog zwischen Opposition und SED. Die Kirche blieb nicht zuletzt deshalb in den kommenden Monaten des politischen Umbruchs ein bedeuten-

Diskussion von Bürgerrechtlern am 9. Oktober 1989 in der Gethsemanekirche

des Mobilisierungszentrum der friedlichen Revolution, weil viele westliche Medien ihre Vertreter hier stationiert hatten. An der Südseite der 1891 bis 1893 errichteten Kirche findet man heute die Plastik „Geistkämpfer“ von Ernst Barlach. Der Abguss der 1928 von Ernst Barlach geschaffenen Statue, die im Auftrag der Stadt Kiel für die im Krieg zerstörte Heilig-Geist-Kirche entworfen wurde, war vom Magistrat Ost-Berlins noch 1989 in Auftrag gegeben worden und sollte als Mahnmal auf dem August-Bebel-Platz an die dortige Bücherverbrennung 1933 erinnern. Die Statue war hierfür jedoch zu klein und steht deshalb seit dem 8. November 1994 an der Gethsemanekirche zu Ehren der Demokratiebewegung der DDR.
Gethsemanekirche • Stargarder Straße 77 • 10437 Berlin • Tel. 030 4457745 • www.ekpn.de/kirchen/gethsemanekirche • Okt.–April Mo.–Fr. 11–17 Uhr, Mai–Sept. Mo./Di., Fr. 11–17 Uhr, Mi./Do. 11–19 Uhr

Dietrich-Bonhoeffer-Haus (Berlin-Mitte)

Berlin-Besucher sind in diesem historischen Stadtführer bereits einigen Ereignissen begegnet, die nur ganz schlecht musealisiert sind. Im Falle des Runden Tisches, eines Glanzstücks der Machtkontrolle in der Zeit des Umbruchs in der DDR, ist dieser Mangel besonders deutlich und sehr bedauerlich.

Nach dem Modell der Opposition in Polen, die bereits im Frühjahr 1989 die Kommunistische Partei zu Verhandlungen an einen Runden Tisch gedrängt hatte, um einen Bürgerkrieg zu vermeiden und eine friedliche Transformation des Landes zu begleiten, forderten Bürgerrechtler in der DDR im Herbst 1989 ebenfalls die Einrichtung einer solchen Übergangsinstitution. Hier sollte die nicht mehr legitimierte, aber noch amtierende Übergangsregierung kontrolliert und über die Demokratisierung der DDR verhandelt werden. In verschiedenen Bezirken der DDR begannen bereits im November 1989 Runde Tische zu arbeiten. Der „Zentrale Runde Tisch" in Berlin begann mit seinen Verhandlungen erst am 7. Dezember 1989. Zunächst tagte man unter der Moderation der protestantischen und katholischen Kirche im Dietrich-Bonhoeffer-Haus, später im Schloss Niederschönhausen (heute Schloss Schönhausen).

Das Dietrich-Bonhoeffer-Haus, heute ein Hotel, wurde nach dem evangelischen Theologen Dietrich Bonhoeffer, der wegen Beteiligung am Attentat gegen Hitler am 9. April 1945 hingerichtet wurde, benannt. Ein wirklich handliches Buch

Sitzung des Zentralen Runden Tisches im Januar 1990

gibt es zu den Verhandlungen nicht. Das beste Werk ist die fünfbändige, von Uwe Thaysen herausgegebene Dokumentation „Der Zentrale Runde Tisch der DDR" (2000, Westdeutscher Verlag).

Dietrich-Bonhoeffer-Haus • Ziegelstraße 30 • 10117 Berlin

Zentraler Runder Tisch • www.ddr-wissen.de/wiki/ddr.pl?Zentraler_Runder_Tisch

Haus der Demokratie und Menschenrechte (Berlin-Prenzlauer Berg)

Die verschiedenen Oppositionsgruppen des Herbstes 1989 wurden mit dem Beginn der Gespräche am Zentralen Runden Tisch unterstützt, um ihre Benachteiligungen gegenüber den Vertretern der DDR-Parteien ein wenig auszugleichen. Während der 2. Sitzung des Zentralen Runden Tisches entschied das Gremium, den Gruppen ein Haus zur Verfügung zu stellen. Die SED-Kreisleitung Berlin-Mitte musste zu diesem Zweck das Gebäude Friedrichstraße 165 räumen. Am 10. Januar 1990 zogen die Gruppen in das 1889 fertiggestellte Gebäude ein.

Das Haus der Demokratie, als Zentrum der im Herbst agierenden oppositionelle Gruppen – Sozialdemokratische Partei (SDP), Demokratischer Aufbruch (DA), Demokratie Jetzt (DJ), Grüne Partei (GP), Grüne Liga (GL), Vereinigte Linke (VL), Unabhängiger Frauenverband (UFV) und Initiative Frieden und Menschenrechte (IFM) – gegründet, gibt es noch immer. Doch es befindet sich heute im Bezirk Friedrichshain. Nach dem Ende der DDR wurden die Eigentumsverhältnisse des Hauses in der Friedrichstraße geklärt. Die im Haus residierenden Gruppen akzeptierten dabei ein Angebot des Beamtenbundes, ihre Räume aufzugeben und ein neues Haus an der Greifswalder Straße zu erwerben. Nach dem Ausbau des Hauses haben die Gruppen auch andere Vereinigungen eingeladen einzuziehen. Das Haus ist gegenwärtig ein großes Bildungszentrum vieler verschiedener Organisationen.

Haus der Demokratie und Menschenrechte • Greifswalder Straße 4 • 10405 Berlin • Tel. 030 20165520 • www.hausderdemokratie.de

Volkskammer (Berlin-Mitte)

Ein wesentlicher Ort, an dem sich die DDR als „Volksdemokratie" inszenierte und in dem später der Beitritt zur Bundesrepublik Deutschland verhandelt wurde, existiert nicht mehr: der Palast der Republik. Hier war seit seiner Fertigstellung im Jahr 1976 die Volkskammer der DDR untergebracht. Von 2006 bis 2008 wurde das Gebäude, nach heftigen Debatten und diversen Protestaktionen, abgerissen. An seiner Stelle wird derzeit auf Beschluss des Bundestages der Bundesrepublik Deutschland das Stadtschloss von Berlin – mehr oder minder als Kopie – wiederaufgebaut. Das Gebäude soll nach seiner Fertigstellung Humboldt-Forum heißen

Sitzung der Volkskammer im Januar 1968

und Raum für Bibliotheken, Konferenzen und Ausstellungen bieten.

Im Palast der Republik tagte von März 1990 bis Ende September 1990 erstmals eine Volkskammer, die diesen Namen auch verdiente, das erste aus wirklich freien und geheimen Wahlen hervorgegangene Parlament der DDR. Die CDU der DDR, die aus der Blockpartei CDU hervorgegangen war und zusammen zwei kleineren neuen Parteien, der Deutschen Sozialen Union und dem Demokratischer Aufbruch, die Allianz für Deutschland formiert hatte, erlangte bei den Wahlen am 18. März mit 40,6 Prozent einen überraschend deutlichen Sieg. Sie hatte sich für eine rasche Vereinigung Deutschlands stark gemacht und die schnelle Einführung der D-Mark versprochen. Die PDS, ehemals SED, erzielte 16,3 Prozent. In Ost-Berlin errang sie sogar 30 Prozent der Stimmen. Die SPD, die aus der SDP hervorgegangen war, erreichte landesweit 21,8 Prozent. Die Bürgerrechtsgruppen, die sich zur Listenvereinigung Bündnis 90 zusammengeschlossen hatten, erreichten dagegen nur 2,9 Prozent. Sie

Palast der Republik mit Marx-Engels-Forum, 2003

hatten sich deutlich für einen langsamen Weg zur deutschen Einheit ausgesprochen.
Vertreter der Volkskammer und des Bundestages erarbeiteten einen „Einigungsvertrag“, der die Modalitäten für den Beitritt zur Bundesrepublik regelte. Der von den Oppositionsgruppen am Zentralen Runden Tisch nicht mehr ganz vollständig ausgearbeitete und deshalb auch nicht abschließend abgesegnete Verfassungsentwurf wurde nicht mehr diskutiert.
Auf Initiative des Bürgerrechtlers Konrad Weiß (Bündnis 90) erklärte die Volkskammer im März 1990: „Wir, die ersten frei gewählten Parlamentarier der DDR, bekennen uns zur Verantwortung der Deutschen in der DDR für ihre Geschichte und ihre Zukunft und erklären einmütig vor der Weltöffentlichkeit: Durch Deutsche ist während der Zeit des Nationalsozialismus den Völkern der Welt unermessliches Leid zugefügt worden. Nationalismus und Rassenwahn führten zum Völkermord, insbesondere an den Juden aus allen europäischen Ländern, an den Völkern der Sowjetunion, am polnischen Volk und am Volk der Sinti und Roma. ... Wir bitten die Juden in aller Welt um Verzeihung für Heuchelei und Feindseligkeit der offiziellen DDR-Politik gegenüber dem Staat Israel und für die Verfolgung und Entwürdigung jüdischer Mitbürger auch nach 1945 in unserem Lande.“
Bereits am 1. Juli trat die DDR der „Wirtschafts-, Währungs- und Sozialunion“ mit der Bundesrepublik bei. Am 23. August beschloss die Volkskammer den Beitritt zum Geltungsbereich des Grundgesetzes der Bundesrepublik. Am 3. Oktober 1990 erfolgte dann der Beitritt. Deutschland war wieder vereinigt. Die ersten Wahlen zu einem gesamtdeutschen Bundestag fanden zwei Monate später, am 2. Dezember 1990, statt.

Volkskammer von 1990 • www.bundestag.de/volkskammer
Palast der Republik • de.wikipedia.org/wiki/Palast_der_Republik
Förderverein Berliner Schloss e. V. • berliner-schloss.de
Kritische Diskussion des Wiederaufbaus • schlossdebatte.de
Einigungsvertrag • www.gesetze-im-internet.de/einigvtr/

Schloss Schönhausen
(Berlin-Niederschönhausen)

Ein Teil der Auflösung der DDR, das Ende der Vorbehaltsrechte der Alliierten, die Deutschland als Ganzes betrafen, wurden im Schloss Schönhausen ausgehandelt. Hier wurde nachgeholt, was unmittelbar nach dem Krieg ausgeblieben war. Auf der Potsdamer Konferenz im Sommer 1945 war die Ausarbeitung eines Friedensvertrages zwar ins Auge gefasst worden, mit dem Beginn des Kalten Krieges war das Unterfangen jedoch ad acta gelegt.

In dem in Berlin-Niederschönhausen ausgehandelten „Vertrag über die abschließende Regelung in Bezug auf Deutschland“, dem sogenannten 2+4-Vertrag, wurde im Artikel 1, Absatz 1 des Vertrages der künftige Status Berlins geklärt. „Das vereinte Deutschland wird die Gebiete der Bundesrepublik Deutschland, der Deutschen Demokratischen Republik und ganz Berlins umfassen.“ Auf bestehende Sorgen im osteuropäischen Ausland hinsichtlich der Wiedervereinigung verweist schon der nächste Absatz des Artikels: „Das vereinte Deutschland und die Republik Polen bestätigen die zwischen ihnen bestehende Grenze in einem völkerrechtlich

Eingangsbereich von Schloss Schönhausen

In Schloss Schönhausen wurde über die Wiedervereinigung verhandelt

verbindlichen Vertrag." Die Frage der Bündniszugehörigkeit des vereinten Deutschlands zu einem Militärbündnis wurde so geregelt, dass der Vertrag in Artikel 6 ausdrücklich die „Bündnisfreiheit" des souveränen Deutschlands konstatierte: „Das Recht des vereinten Deutschland, Bündnissen mit allen sich daraus ergebenden Rechten und Pflichten anzugehören, wird von diesem Vertrag nicht berührt." Dies heißt, dass das vereinte Deutschland frei ist, die Zugehörigkeit zu einem Militärbündnis selbst zu wählen. Der Vertrag wurde am 12. September 1990 in Moskau unterzeichnet und kurz darauf von allen Beteiligten ratifiziert.

Ein Jahr zuvor hatte sich kaum einer der Beteiligten vorstellen können, dass aus den Demonstrationen und Protesten in der DDR ein vereintes Deutschland erwachsen würde. Selbst viele Aktivisten hatten sich einen anderen Ausgang gewünscht. Der gewaltfreie, zivile Ungehorsam für Menschenrechte hat nicht nur eine Diktatur zu Fall gebracht, ein ganzer Staat, die DDR, verschwand fast über Nacht in rasanter Geschwindigkeit. Insbesondere dieser letzte Umstand schien 40 Jahre lang vollkommen undenkbar.

Ein gutes Buch zu den Verhandlungen haben 1999 die spätere US-Außenministerin Condoleezza Rice und der US-Diplomat Philip Zelikow verfasst. Es trägt den Titel „Sternstunden der Diplomatie“ (Propyläen Verlag).

Schloss Schönhausen • Tschaikowskistraße 1 • 13156 Berlin • Tel. 030-4039492622 • www.spsg.de/schloesser-gaerten/objekt/schloss-schoenhausen/ • April–Okt. Di.–So. 10–18 Uhr, Nov.–März Sa./So. 10–17 Uhr

Vertragstext • www.auswaertiges-amt.de/DE/AAmt/Geschichte/ZweiPlusVier/ZweiPlusVier_node.html

Amadeu Antonio Kiowa (12.08.1962–06.12.1990)

Ein wichtiges Charakteristikum der DDR, die Entwicklung einer weitverzweigten rechtsradikalen Aktivistenszene und eine weit verbreitete Fremdenfeindlichkeit, wurde für Außenstehende erst mit dem Untergang des Staates deutlich sichtbar. Eines seiner vielen Opfer wurde Amadeu Antonio Kiowa.

Der im Sommer 1962 in Angola geborene Kiowa absolvierte Ausbildungen in Brasilien, Portugal und in der Sowjetunion. Er kam am 3. August 1987 mit 103 weiteren Angolanern als Vertragsarbeiter nach Eberswalde in die DDR, einer kleinen Stadt nördlich von Berlin.

Kiowa arbeitete im Schlacht- und Vertriebskombinat von Eberswalde. Er wurde am 25. November 1990, kurz nach der Vereinigung beider deutscher Staaten, von einer Gruppe neonazistischer Skinheads ins Koma geprügelt. Zwei ebenfalls von der Gruppe angegriffene Mosambikaner konnten schwer verletzt fliehen. Drei bewaffnete Zivilpolizisten, die den jugendlichen Schlägern gefolgt waren, griffen nicht ein. Amadeu Antonio Kiowa erwachte aus dem Koma nicht wieder, er starb am 6. Dezember 1990.

In dem Verfahren, das gegen fünf Angeklagte geführt wurde, durchbrach einer der Angeklagten das Schweigen. Trotzdem konnte nicht nachgewiesen werden, wer die tödlichen Schläge ausgeführt hatte. Die Angeklagten wurden 1992 wegen Körperverletzung mit Todesfolge zu maximal vier Jahren Haft verurteilt, einige wurden nicht inhaftiert, gegen sie wurden lediglich Bewährungsstrafen ausgesprochen.

Um der seit der Ermordung Kiowa, den auch rassistisch motivierten Ausschreitungen in Hoyerswerda 1991 und Rostock-Lichtenhagen 1992 immer deutlicher sichtbar werdenden Gewalt gegen Flüchtlinge, Ausländer, Juden u. a. etwas entgegensetzen zu können, hat sich 1998 in Berlin die Amadeu-Antonio-Stiftung gegründet, die vor allem Projekte von Menschen fördert, die sich der Entwicklung einer demokratischen Kultur und Zivilgesellschaft gewidmet haben. Die Stiftung hat sich zu einem der maßgeblichen Zentren einer präventiven Sozial- und Kulturarbeit zur Eindämmung von Rassismus und Antisemitismus entwickelt. Auf einer von der Stiftung betriebenen Internnetseite findet man eine Chronik der Gewalt, die Mordanschläge wie den an Kiowa seit dem Sommer 1989 auflistet. Die Autoren kommen auf bislang 184 Tote seit Sommer 1989. In Eberswalde erinnert am Ort des Verbrechens eine Gedenktafel an Amadeu Antonio Kiowa.

Gedenktafel für Amadeu Antonio • Eberswalderstraße 24 a • 16227 Eberswalde

Amadeu Antonio Stiftung • Linienstraße 139 • 10115 Berlin • Tel. 030 24088610 • www.amadeu-antonio-stiftung.de

Chronik der Gewalt • www.mut-gegen-rechte-gewalt.de/ser vice/chronik

Udo Lindenberg (17.05.1946)

Dem Rockmusiker, Schriftsteller und Kunstmaler Udo Lindenberg, der vorwiegend in Hamburg wirkt, gelang es mit seinen Songs mehrfach, sich in die Herzen vieler Bürger der DDR zu singen, u. a. mit seinen Liedern „Rock'n'Roll Arena in Jena“ (1975) und ganz besonders mit „Sonderzug nach Pankow“ (1983). In diesem Lied hatte er Erich Honecker aufgefordert, ihm zusammen mit seinem „Panikorchester“ einen Auftritt in Ost-Berlin zu ermöglichen. Tatsächlich kam noch 1983 ein Konzert im Palast der Republik zustande. Die Dokumentation „Udo rockt für den Weltfrieden. Das Konzert von 1983 in den Stasi-Unterlagen“ beschreibt die Vorgänge um den Auftritt des westdeutschen Rockbarden.

Udo Lindenberg am 28. Oktober 1989 beim Rundfunksender „DT 64"

Im vierten Jahr läuft inzwischen in Berlin im Theater am Potsdamer Platz ein Musical mit dem Titel „Hinterm Horizont“ mit Songs von Udo Lindenberg. Das Musical erzählt eine Liebesgeschichte des Rock-Musikers mit einem Mädchen aus Ost-Berlin, die durch die Stasi hintertrieben wurde. Die DDR, die Stasi und der Kalte Krieg werden in verschiedenen Szenen des Musicals regelrecht zerlegt, die Mauer wird einfach weggerockt. An keinem anderen Ort Berlins gehen die DDR und ihre Hauptstadt schöner unter.

Theater am Potsdamer Platz • www.stage-entertainment.de/musicals-shows/hinterm-horizont-berlin.html

Lindenberg-Konzert 1983 • www.bstu.bund.de/SharedDocs/Downloads/DE/20131023_udo_lindenberg_rockt.pdf

Sowjetische Ehrenmale wie in Tiergarten erinnern in Berlin an die Befreiung 1945

CHRONIK: DDR UND BERLIN (OST)

1945

30. April Gemeinsam mit Truppen der sowjetischen Armee treffen Walter Ulbricht und andere KPD-Mitglieder aus dem Exil in Moskau in Berlin ein.

2. Mai In dem von der sowjetischen Armee vollständig umringten Stadt Berlin unterzeichnen die verbliebenen deutschen Militärs die Kapitulation. Nach sowjetischem Vorbild werden „Volkskomitees" gebildet und Haus-, Straßen- und Blockobleute zur Ausführung sowjetischer Befehle eingesetzt.

8. Mai Im sowjetischen Hauptquartier in Berlin-Karlshorst unterzeichnen die Spitzen der deutschen Wehrmacht die Kapitulation.

13. Mai Vom Militärkommando der sowjetischen Armee wird Arthur Werner als Oberbürgermeister der Stadt Berlin eingesetzt.

19. Mai Oberst Paul Markgraf, ein Wehrmachtsoffizier, der in der Kriegsgefangenschaft dem Nationalkomitee Freies Deutschland beigetreten ist, wird zum Polizeipräsidenten in Berlin ernannt.

5. Juni In der „Berliner Erklärung" verkünden die vier alliierten Oberbefehlshaber die Niederlage Deutschlands. Unter der Leitung des Alliierten Kontrollrats wird Groß-Berlin von der aus vier Stadtkommandanten bestehenden Alliierten Kommandantur verwaltet. Im Sommer 1945 treffen amerikanische, britische und französische Besatzungstruppen in Berlin ein.

9. Juni Die Sowjetische Militäradministration in Deutschland (SMAD) erklärt Berlin zum Sitz der Verwaltung der sowjetischen Besatzungszone (SBZ) und behandelt die ganze Stadt auch wirtschaftlich als Teil dieser Zone.

10. Juni Mit dem Befehl Nr. 2 der SMAD wird in Berlin und in der SBZ die Gründung und Aktivität antifaschistischer Parteien und Organisationen erlaubt.
17. Juli Beginn der Potsdamer Konferenz, in der sich die USA, die UdSSR und Großbritannien auf die gemeinsame Verwaltung der vier Besatzungszonen einigen. Frankreich stimmt den getroffenen Vereinbarungen später zu.
August/Oktober Die Kommandanten des amerikanischen, britischen und französischen Sektors von Berlin stellen die Tätigkeit der „Volkskomitees“ in ihren Zuständigkeitsbereichen ein.
Winter 45/46 Die SMAD verlangt, dass die Bewohner der drei Westsektoren Berlins mit Lebensmitteln und Kohlen aus den drei westlichen Besatzungszonen Deutschlands versorgt werden. Die Alliierten einigen sich deshalb auch über Transportwege von und nach West-Berlin.

1946

29. Januar Die Humboldt-Universität wird wiedereröffnet.
31. März Die von einer Funktionärskonferenz der SPD beschlossene Urabstimmung über den Zusammenschluss mit der KPD darf nur in den Westsektoren der Stadt durchgeführt werden. 82 Prozent der teilnehmenden West-Berliner Sozialdemokraten stimmen gegen einen sofortigen Zusammenschluss.
21./22. April In der sowjetischen Besatzungszone schließen sich SPD und KPD auf einem Vereinigungsparteitag im Admiralspalast zur Sozialistischen Einheitspartei Deutschlands (SED) zusammen.
20. Oktober Nach der Genehmigung einer vorläufigen Verfassung für ganz Berlin finden Wahlen zur Stadtverordnetenversammlung in ganz Berlin statt. 92,3 Prozent der Berliner nehmen teil. Die SPD erhält 48,7 Prozent der abgegebenen Stimmen, die CDU 22 Prozent, die SED 19,8 Prozent. Die liberale LDP erhält 9,3 Prozent. Am 5. Dezember wählt das Parlament den Magistrat.
November Wegen der unzureichenden Belieferung mit Koh-

Wilhelm Pieck (r.) eröffnet am 20. September 1947 in Berlin den zweiten Parteitag der SED, links Otto Grotewohl

le und einem drohenden Zusammenbruch der Energieversorgung wird der Stromverbrauch in Berlin auf maximal 2,5 Stunden pro Tag beschränkt. Zahlreiche Betriebe schließen.

1947

10. März Die fünfte Außenministerkonferenz (USA, FR, GB, UdSSR), die sechs Wochen dauert, verhandelt u. a. den Plan des US-Außenministers George C. Marshall zu wirtschaftlichen Wiederbelebung Europas.

24. Juli Das Stadtparlament Berlins wählt mit großer Mehrheit als Nachfolger des zurückgetretenen Bürgermeisters Otto Ostrowski, Ernst Reuter (SPD). Da der sowjetische Stadtkommandant Reuter nicht akzeptiert, bestätigt die Alliierte Kommandantur die Wahl Reuters nicht.

26. August Die alliierte Kommandantur bestätigt das vom Magistrat beschlossene Gesetz zur Überführung des Besitzes der Konzerne in Gemeineigentum der Stadt Berlin nicht.

13. November Die Stadtverordnetenversammlung spricht dem Polizeipräsidenten Markgraf ihr Misstrauen aus, da er sich weigert, Anordnungen des Magistrats anzunehmen. Vom Magistrat wird daraufhin Johannes Sturm mit der Funktion betraut. Dessen Bestellung wird vom sowjetischen Stadtkommandanten nicht anerkannt. Die Polizei in Berlin ist damit gespalten.

6./7. Dezember Vertreter der von der SED initiierten „Volkskongreßbewegung für Einheit und gerechten Frieden“ treffen sich in Ost-Berlin.

1948

Februar Bildung eines Länderrates für die britisch-amerikanische Zone Deutschlands.

März Die Deutsche Wirtschaftskommission übernimmt im Haus der Ministerien, heute Bundesfinanzministerium, die zentrale Leitung der Wirtschaft in der SBZ.

17.–19. März Der „Volkskongreß für Einheit und gerechten Frieden", an dem 1.898 Delegierte, 512 von ihnen aus den westlichen Besatzungszonen, teilnehmen, wählt den 1. Deutschen Volksrat. Der lässt eine Verfassung für Deutschland ausarbeiten. Der Volksrat nimmt diese Verfassung am 19. März 1948 an. Der Volkskongress beschließt die Ablehnung des Marshallplans, die Anerkennung der Oder-Neiße-Linie als Grenze Polens und ein Volksbegehren zur deutschen Einheit.

22. April Die Stadtverordnetenversammlung von Berlin beschließt eine Verfassung. In ihr heißt es: „Im Wunsche, die Hauptstadt eines neuen geeinten Deutschlands zu bleiben, hat sich Berlin diese Verfassung gegeben." Der sowjetische Stadtkommandant bestätigt diese Verfassung nicht.

1. Mai In Ost- und West-Berlin gibt es getrennte Maidemonstrationen. In West-Berlin hat sich am 10. Februar 1948 die Gewerkschaftsbewegung Unabhängige Gewerkschaftsopposition (UGO) gebildet, in der Gewerkschafter zusammenkommen, die nicht zum Freien Deutschen Gewerkschaftsbund (FDGB) gehören wollen.

16. Juni Der sowjetische Vertreter zieht aus dem Alliierten Kontrollrat aus. Die Vier-Mächte-Verwaltung der Stadt ist damit für lange Zeit beendet.

24. Juni Beginn der Blockade West-Berlins durch die sowjetischen Behörden. Die UdSSR versucht damit Druck auf die West-Alliierten auszuüben, West-Berlin zu verlassen und die Gründung eines separaten West-Deutschland aufzugeben. Die Blockade dauert bis zum 12. Mai 1949. Amerikaner und Briten versorgen West-Berlin durch eine Luftbrücke („Rosinenbomber").

6. September Nach wiederholten Störungen der Stadtverordnetenversammlung von Berlin durch kommunistische Demonstranten verlegt der Vorsteher die Sitzungen in das Studentenhaus der Technischen Universität in Berlin-Charlottenburg.

30. November Auf einer Massenversammlung im Berliner Admiralpalast, an der 26 SED-Mitglieder der Stadtverordnetenversammlung teilnehmen, wird ein „provisorischer demokratischer Magistrat" gebildet. Der sowjetische Stadtkommandant bestätigt am 2. Dezember diesen Magistrat und dessen Oberbürgermeister Friedrich Ebert als das „einzig rechtmäßiges Stadtverwaltungsorgan". Berlin hat damit zwei getrennte Stadtverwaltungen. Das Ereignis geht als „Stadtputsch" in die Geschichte Berlins ein.

5. Dezember Die für ganz Berlin vorgesehenen Wahlen werden im sowjetischen Sektor vom dortigen Stadtkommandanten verboten.

1949

12. Mai Das Grundgesetz für die Bundesrepublik Deutschland wird von den Militärgouverneuren der amerikanischen, britischen und französischen Zone mit einigen Änderungen genehmigt.

15./16. Mai Bei den Wahlen zum 3. Deutschen Volkskongress werden Einheitslisten verwendet. 31,5 Prozent der teilnehmenden Wähler der SBZ entscheiden sich für ein Nein. 6,7 Prozent der abgegebenen Stimmen sind ungültig. Die 1.400 Delegierten des Volkskongresses nehmen den Verfassungsentwurf an und wählen aus ihren Reihen den 2. Deutschen Volksrat.

7. Oktober Der 2. Volksrat tritt in Ost-Berlin zusammen. Er erklärt sich zur Provisorischen Volkskammer der DDR und beauftragt Otto Grotewohl mit der Regierungsbildung. Damit ist die Deutsche Demokratische Republik (DDR) gegründet.

11./12. November Armeegeneral Wassilij Tschuikow, Vorsitzender der Sowjetischen Kontrollkommission, übergibt am 11. November 1949 der Provisorischen Regierung der DDR die bisher von der SMAD ausgeübten Verwaltungsfunktionen. Der sowjetische Stadtkommandant Berlins übergibt am 12. November 1949 dem provisorischen demokratischen Magistrat und dessen Oberbürgermeister Friedrich Ebert die städtischen Verwaltungsfunktionen. Bis 1954 amtiert Ebert ohne eine parlamentarische Volksvertretung.

21. Dezember Die Frankfurter Allee wird zu Stalins 70. Geburtstag in „Stalinallee" umbenannt.

1950

27.–30. Mai Am Deutschlandtreffen der FDJ in Ost-Berlin nehmen nach offiziellen Angaben 7000.000 Jugendliche teil, 30.000 kommen aus der Bundesrepublik Deutschland. 20.000 Pioniere beziehen Zeltquartiere in der Wuhlheide. Hier entsteht später der Pionierpark „Ernst Thälmann“.

Die ersten vier Wohnhaus-Neubauten entstehen an der Stalinallee zwischen Warschauer Straße und Straußberger Platz.

7. September Die Behörden in Ost-Berlin beginnen mit der Sprengung der Ruine des früheren Stadtschlosses.

1951

5. August–19. August Die 3. Weltfestspiele der Jugend, die von der Freien Deutschen Jugend (FDJ) organisiert werden, finden in Ost-Berlin statt. An ihnen beteiligen sich auch viele Jugendliche aus der Bundesrepublik.

Überall in Ost-Berlin entstehen bis 1955 neue Wohnblocks, um die seit dem Ende des Krieges bestehende Wohnungsnot zu lindern.

11. Juli Etwa 300.000 Besucher kommen zu dem am 11. Juli in beiden Teilen Berlins beginnenden dritten Evangelischen Kirchentag.

1952

5. März Die Behörden in Ost-Berlin trennen die bis dahin bestehende Einheit des Stromnetzes mit West-Berlin.

Mai Die Fernsprechverbindungen zwischen den beiden Teilen Berlins werden von östlicher Seite unterbrochen.

1. Juni Die meisten Straßenverbindungen von West-Berlin in das Umland werden abgeriegelt. Einwohner West-Berlins und der Bundesrepublik Deutschland dürfen nur noch mit von der DDR ausgegebenen Sonderausweisen nach Ost-Berlin und die DDR.

9.–12. Juli Die 2. Parteikonferenz der SED findet in Ost-Berlin statt. Sie beschließt den „planmäßigen Aufbau des Sozialismus“ in der DDR.

21. Dezember In Berlin-Adlershof beginnt das Fernsehen der DDR mit einem ersten Versuchsprogramm.

1953

15. Januar Ost-Berlin unterbricht den innerstädtischen Straßenbahnverkehr.

5. März Josef W. Stalin stirbt. Sein Nachfolger im Amt des ersten Sekretärs der KPdSU wird Nikita S. Chruschtschow.

17. Juni In mehr als 700 Orten und Städten der DDR demonstrieren und streiken die Menschen gegen die Regierung. Der spontane Aufstand kann nur mit Hilfe der sowjetischen Armee unterdrückt werden. In Ost-Berlin verhängt der sowjetische Stadtkommandant den Belagerungszustand.

Juli Die letzten beiden Übergänge aus West-Berlin in die DDR, Glienicker Brücke und Staaken, werden für den Wechselverkehr geschlossen.

1954

17. Oktober Gleichzeitig mit den Wahlen zur Volkskammer der DDR wird auch ein Stadtparlament für Ost-Berlin gewählt.

1955

2. Juli Der Berliner Tierpark im Schlosspark Friedrichsfelde wird eröffnet.

4. September Die Deutsche Staatsoper unter den Linden wird wiedereröffnet.

14. September Der Warschauer Vertrag, die militärische Bündnisorganisation der sowjetischen Sattelitenstaaten, wird gegründet.

30. November Die Schlüsselübergabe für das historisch getreu wiederaufgebaute Rote Rathaus findet statt.

Volksaufstand am 17. Juni 1953: das brennende Columbus-Haus Potsdamer Platz

1956

14.–25. Februar Auf dem 20. Parteitag der KPdSU berichtet Nikita Chruschtschow in einer Geheimrede über die Verbrechen Stalins.

23. Oktober–4. November Mit einer friedlichen Großdemonstration der Studenten in Budapest beginnt ein Aufstand in Ungarn. Sowjetische Truppen marschieren ein und installieren am 4. November 1956 eine prosowjetische Regierung.

1957

3. Oktober Willy Brandt wird vom Abgeordnetenhaus in West-Berlin zum Regierenden Bürgermeister gewählt; er übt dieses Amt bis zum Dezember 1966 aus.

Dezember Die Wiederherstellung des Brandenburger Tores, das auf dem Stadtgebiet Ost-Berlins steht, wird beendet.

1958

27. November Nikita Chruschtschow kündigt einseitig den Vier-Mächte-Status Berlins auf. West-Berlin soll als selbständige politische Einheit eine entmilitarisierte Stadt werden. Die West-Alliierten sollen innerhalb von sechs Monaten aus West-Berlin abziehen und die Verbindungen West-Berlins mit der Bundesrepublik sollen aufgelöst werden.

1961

April Ein „Plan für den Aufbau der Hauptstadt der DDR" wird veröffentlicht. Zehn Jahre später ist das Zentrum Berlins weitgehend wiederaufgebaut.

13. August In Berlin wird entlang der Sektorengrenze eine Sperranlage, die Mauer, gebaut. Die Schienen der S-Bahn werden an der Sektorengrenze voneinander getrennt. U-Bahnen, die den Ostsektor der Stadt unterqueren, dürfen an den in Ost-Berlin gelegenen Haltestellen nicht anhalten. Diese U-Bahnhöfe werden für die Ost-Berliner geschlossen.

25. Oktober Die Westalliierten testen mit der Entsendung uniformierter Patrouillen nach Ost-Berlin, ob die UdSSR sich an die Verabredung hält, dass alle vier Alliieren die Stadt weiter gemeinsam verwalten.

1962

22. August Der sowjetische Stadtkommandant von Ost-Berlin wird abberufen, die sowjetische Stadtkommandantur wird aufgelöst und durch einen DDR-Stadtkommandanten ersetzt.

1963

23. Januar Chruschtschow signalisiert in einer Rede in Ost-Berlin das Ende der durch sein Ultimatum von 1958 ausgelösten Berlin-Krise.

17. Oktober Die beiden sowjetischen Kosmonauten Valentina Tereschkowa und Juri Gagarin treffen zu einem Besuch in Ost-Berlin ein.

17. Dezember Erstes Passierscheinabkommen, das es West-Berlinern ermöglicht, vom 19. Dezember 1963 bis 5. Januar 1964 Verwandte in Ost-Berlin zu besuchen.

1964

13. März Robert Havemann, Professor an der Humboldt-Universität, wird entlassen. Später erhält er ein vollständiges Berufsverbot.

12. Juni Im Freundschafts- und Beistandsvertrag zwischen der UdSSR und der DDR wird West-Berlin als „selbständige politische Einheit“ bezeichnet.

24. September Zweites Passierscheinabkommen, das es West-Berlinern ermöglicht, Verwandte in Ost-Berlin in bestimmten Zeitfenstern zu besuchen.

2. November Erstmals können Rentner aus der DDR zu ihren Verwandten in West-Berlin und der Bundesrepublik reisen.

1. Dezember Die DDR führt einen „Mindestumtausch" für Besucher Ost-Berlins ein. Danach müssen diese in Ost-Berlin 5 DM zum Kurs von 1:1 in DDR-Mark tauschen.

Dezember Das Staatsratsgebäude in der Mitte Berlins wird fertiggestellt.

1965

25. November Drittes Passierscheinabkommen, ca. 580.000 West-Berliner besuchen in der Folge Ost-Berlin.

16.–18. Dezember Kunst und Kultur in der DDR werden vom 11. Plenum des ZK der SED Fesseln angelegt.

1966

7. März Viertes Passierscheinabkommen, es ist die letzte Regelung dieser Art.

Jahreswende 1966/67 Die letzten noch existierenden Verbindungen zwischen den Wasserröhren, die West- und Ost-Berlin versorgen, werden getrennt.

1967

Das neue Gebäude des DDR-Außenministeriums (seit 1964 im Bau, 1996 abgerissen) wird fertiggestellt.

1968

4. Januar Alexander Dubcek wird erster Sekretär der Kommunistischen Partei der Tschechoslowakei („Prager Frühling")

20. August Truppen der UdSSR und weiterer Warschauer-Pakt-Staaten marschieren in der ČSSR ein und beenden das Reformexperiment.

1969

3. Oktober Der Fernsehturm am Alexanderplatz wird eingeweiht.

1989

6. Februar In Polen beginnen Gespräche an einem runden Tisch, die Schritt für Schritt in einer friedlichen Umwälzung des kommunistischen Systems in eine Demokratie münden.

Juli Die U-Bahn Strecke Tierpark–Friedrichsfelde–Hönow in Ost-Berlin wird dem Verkehr übergeben.

7. Oktober Die DDR feiert ihren 40. Geburtstag, Gorbatschow ist zu Besuch.

17. Oktober Das Politbüro der SED fordert Erich Honecker auf, von seinen Ämtern zurückzutreten. Nach der dreistündigen Aussprache votiert das Politbüro, einschließlich Honecker selbst, für seine Absetzung. Am 18. Oktober wählt das Zentralkomitee der SED Egon Krenz als Nachfolger Honeckers.

4. November Demonstration von ca. 500.000 Menschen auf dem Alexanderplatz.

7. November Rücktritt der DDR-Regierung.

8. November Rücktritt des Politbüros der SED.

9. November Öffnung der Mauer nach einer Pressekonferenz mit SED-Politbüromitglied Günter Schabowski.

13. November Hans Modrow wird in der Volkskammer als Nachfolger Willi Stophs zum Vorsitzenden des Ministerrates der DDR gewählt. Am 17. November präsentiert er eine neue Regierung.

5. Dezember Erstes Gespräch über Zusammenarbeit der Regierenden Bürgermeister von Ost- und West-Berlin im Hotel Berlin am Alexanderplatz.

7. Dezember Beginn der Gespräche am Runden Tisch im Dietrich-Bonhoeffer-Haus.

22. Dezember Das Brandenburger Tor wird für Fußgänger geöffnet.

1990

15. Januar Besetzung der Zentrale des Ministeriums für Staatssicherheit in der Ruschestraße 103.

28. Januar Bildung einer neuen DDR-Regierung unter Einschluss der Oppositionsgruppen.

Seit 1990 tagt der Bundestag im Reichstagsgebäude

2. März Die Ausflugsdampfer auf den Wasserstraßen Berlins fahren wieder in den jeweils anderen Teil der Stadt.
18. März Erste freie Wahlen zur Volkskammer der DDR.
6. Mai Wahlen zur Stadtverordnetenversammlung in Ost-Berlin. Der neue Magistrat wird am 30. Mai gewählt.
14. Juni Der „Ausschuß Einheit Berlins" beider Stadtparlamente in Berlin trifft sich zum ersten Mal.
1. Juli Mit der Verabschiedung der Wirtschafts- und Währungsunion entfallen alle Kontrollen an den innerstädtischen Grenzen in Berlin. Straßenverbindungen und durchgehender S-Bahn verkehr wird wiederhergestellt.
2. Oktober Die drei westlichen Alliierten verabschieden sich mit einem Brief an den Regierenden Bürgermeister West-Berlins. Sie bleiben jedoch noch so lange bis die sowjetischen Truppen abziehen.
3. Oktober Die beiden deutschen Staaten werden vereinigt. Die DDR tritt dem Grundgesetz bei.
2. Dezember Wahlen zu einem gemeinsamen Stadtparlament Berlins.
4. Dezember Im Reichstagsgebäude tagt zum ersten Mal der am 2. Dezember 1990 gewählte gesamtdeutsche Bundestag.

1992

24. Mai Wahlen zu den Bezirksverordnetenversammlungen in ganz Berlin.

Die Weltzeituhr auf dem Alexanderplatz ist seit 1969 ein beliebter Treffpunkt

Übernachtung

Eastern Comfort & Western Comfort (S. 78)

Menschen die direkt an der East-Side Gallery wohnen möchten, sind mit den Wohnschiffen für Backpacker „Eastern Comfort“ und „Western Comfort“ gut bedient. Direkt am Ufer vor den Wohnschiffen steht die East-Side-Gallery.

Mühlenstraße 73–77 • 10243 Berlin • Tel. 030 66763806 • www.eastern-comfort.com

Hotel Dietrich-Bonhoeffer-Haus (S. 140)

Übernachten an einem historischen Ort, der jedoch schlecht musealisiert ist, kann man im Dietrich-Bonhoeffer-Haus. Hier fanden die Verhandlungen am Zentralen Runden Tisch der DDR statt. Vor Ort erinnert das Tagungshotel nur wenig an dieses bedeutsame Ereignis. Dafür liegt es sehr praktisch im Zentrum der Stadt.

Ziegelstraße 30 • 10117 Berlin • Tel. 030 284670 • www.hotel-dietrich-bonhoeffer.de

Ostel Hostel (S. 54)

Wer unbedingt einmal in einem Hotel unterkommen möchte, in dem alle Einrichtungsgegenstände aus den 70er und 80er Jahren in der DDR stammen, der sollte es mit dem Ostel Hostel probieren, es liegt in der Nähe der Karl-Marx-Allee.

Wriezener Karree 5 • 10243 Berlin • Tel. 030 25768660 • www.ostel.eu

Gastronomie

Café Schöneweile (S. 105)

Wer einen Imbiss in besonderer Umgebung sucht, im ehemaligen Pförtnerhaus eines Industriegebäudes von Oberschöneweide, der sollte einmal das Café Schöneweile besuchen.
Reinbeckstraße 9 • 12459 Berlin • Tel. 0179 1127110 • www.cafe-schoeneweile.de • April–Okt. Mo.–Fr. 9–19 Uhr, Sa./So. 13–18 Uhr, Nov.–März Di.–Fr. 9–17.30 Uhr, Sa./So. 13–18 Uhr

Gastronomie in einem früheren Pförtnerhaus – das Café Schöneweile

Creperie La Madelaine (S. 28)

Das in meinen Augen definitiv beste Restaurant in Potsdam ist die Creperie la Madelaine. Wer aber natürlich Crepes in allen Varianten nicht mag und außerdem nicht gerne Cidre trinkt, dem wird das Lokal nicht gefallen.
Lindenstraße 9 • 14467 Potsdam • Tel. 0331 2705400 • www.creperie-madeleine.de • Mo.–So. 12–22 Uhr

Dada Falaffel (S. 37)

Nicht weit vom Admiralspalast entfernt, an der U-Bahnstation „Oranienburger Tor“ findet sich das besonders gute Re-

Das „Dada Falaffel" nimmt Bezug auf die Kunstrichtung der 1920er Jahre

staurant „Dada. Falaffel". Für Fans von Falaffel und Minztee gibt es in Berlin keinen besseren Ort.
Linienstraße 132 • 10115 Berlin • Tel. 030 27596927 • www.dadafalafel.de • Mo.–So. ab 10 Uhr

Kaffee Liebig (S. 69)

In der Nähe des ehemaligen Funkhauses Grünau findet sich eines der ganz wenigen noch erhaltenen Jugendstil-Kaffeehäuser in Berlin.

Das Jugendstil-Café Liebig

Regattastraße 158 • 12527 Berlin • Tel. 030 67820936 • www.kaffee-liebig.de • Di.–Fr. 11.30–20 Uhr, Sa./So. 12–20 Uhr

Konnopke Imbiss (S. 139)

Viele Menschen, die in Ost-Berlin wohnen, halten die Currywurst, die von Konnopkes Imbis verkauft wird, für die beste Berlins. Wer Currywurst mag, der sollte mal eine Wurst am Stand unterhalb der U-Bahn-Station Eberswalder Straße aufsuchen.

Schönhauser Allee 44 B • 10435 Berlin • Tel. 030 4427765 • konnopke-imbiss.de • Mo.–Fr. 9–20 Uhr, Sa. 11.30–20 Uhr

Meierei im Neuen Garten (S. 28)

Wer deutsche deftige Speisen mag und sich gerade in Potsdam aufhält, dem sei die nahe dem Schloss Cecilienhof gelegene Meierei empfohlen. Im Sommer sitzt man dort wundervoll am Wasser.

Im Neuen Garten 10 • 14469 Potsdam • Tel. 0331 7043211 • www.meierei-potsdam.de • Nov.–März: Di.–Sa. 12–22 Uhr, So. 12–20 Uhr, April–Okt. Di.–So. 11–22 Uhr

Pasternak (S. 78)

Wer einmal richtig gut zubereitete russische Speisen zu sich nehmen möchte, dem sei das Restaurant Pasternak im Bezirk Prenzlauer Berg empfohlen.

Knaackstraße 22/24 • 10405 Berlin • Tel. 030 4413399 • www.restaurant-pasternak.de • Mo.–So. 9–1 Uhr

Restaurant Gino (S. 26)

Wer die italienische Küche mag, dem sei nach dem Besuch des Deutsch-Russischen Museums das Restaurant Gino, ganz in der Nähe des S-Bahnhofs Karlshorst, empfohlen.

Rheinsteinstraße 1 • 10318 Berlin • Tel. 030 60935119 • www.il-gattopardo-berlin.de/Ginos • Mo.–Sa. 11–23 Uhr, So. 11–22 Uhr

Restaurant Volkskammer (S. 78)

Wer unbedingt einmal in einem Restaurant essen will, bei dem die Besitzer versuchen, Stil und Design eines DDR-Restaurants nachzuempfinden, dem sei das Lokal Volkskammer empfohlen. Es liegt nicht weit vom Ostel Hostel entfernt.

Straße der Pariser Kommune 18b • 10243 Berlin • Tel. 030 20687549 • www.volkskammer.de • Mo.–So. 7–10.30/11–22 Uhr

Sky.Bar (S. 102)

Wer gerne weit oben was trinkt und dabei auf die Stadt herunterschauen möchte, dem sei die Sky.Bar von andel's Hotel in der Landsberger Allee empfohlen. So hoch wie auf dem Fernsehturm am Alexander Platz sitzt man nicht. Der Blick über die Stadt ist aber auch aus dem 14. Stock grandios.

Landsberger Allee 106 • 10369 Berlin • Tel. 030 4530530 • www.vi-hotels.com/de/andels-berlin/restaurants-bar-cafe/skybar

Strandbar Mitte und Märchenhütte (S. 130)

Wenn Sie gerne draußen am Wasser und doch mitten in der Stadt sitzen, dann ist die erste Strandbar der Bundesrepublik Deutschland, seit 2002 existiert sie, der richtige Ort für Sie. Wer gerne in der Strandbar sitzt und seinen Kindern

Die Strandbar Mitte

eine Märchenshow gönnen möchte, auch für den ist die Strandbar ideal, direkt neben an findet sich die Märchenhütte mit einem abwechslungsreichen Programm für Kinder.
Strandbar Mitte • Monbijoustraße 3 • 10117 Berlin • Tel. 030 28385588 • www.strandbar-mitte.de • Mo.–So. ab 10 Uhr
Märchenhütte • Monbijoustraße 2 • 10117 Berlin • Tel. 030 288866999 • www.maerchenhuette.de

Teestübchen Waldstadt (S. 34)

Wenn Sie in der Bücher- und Bunkerstadt Wünsdorf genug alte Bücher gewählt haben und ein Fan wirklich guter Teesorten sind, sollten Sie sich Zeit für einen Tee mit täglich wechselndem Kuchenangebot im Teestübchen Waldstadt nehmen, das sie direkt neben einem der Antiquariate finden.
Zehrensdorfer Straße 23 • 15806 Zossen/OT Waldstadt • Tel. 033702 65938 • Mo.–So. 12–17 Uhr

Erlebnis

Ballhaus Berlin

Schon in den 20er Jahren gab es in der Chausseestraße diverse Tanzpaläste. Heute ist das Ballhaus Berlin das einzige Etablissement dieser Art im Viertel. Der zweistöckige Ballsaal bietet genau das richtige Ambiente für das nostalgische Angebot mit Tischtelefonen aus den 30er Jahren, mit denen am andere Veranstaltungsgäste anrufen kann. Sitzbalkone und Stuck an den Wänden sowie die Wendeltreppe zu einer Empore und die Champagnerlounge schaffen ihrerseits ein eigenes Flair.
Chausseestrasse 102 • 10115 Berlin • Tel. 030 2827575 • www.ballhaus-berlin.de

Bärenzwinger (S. 87)

Eine Begegnung der besonderen Art für Besucher Berlins

auf den Spuren Ost-Berlins und der DDR ist das Bärengehege, das sich unmittelbar gegenüber der Ausstellung der Stadtmodelle befindet. In diesem Gehege wurden seit der Fertigstellung 1939 mehrere lebendige Berliner Wappentiere gehalten. Momentan lebt hier die Bärin Schnute (* 18.01.1981). Da sich das Bärengehege seit der Teilung der Stadt in Ost-Berlin befand, ist es bis heute vielen Besuchern der Stadt unbekannt.
Wallstraße 51 • 10179 Berlin • www.berliner-baerenfreunde.de • Mai–Sep. ab 7.30 Uhr, Okt.–April ab 8 Uhr

Berliner Spreepark
Zum 20. Jahrestag der DDR 1969 eröffnete der einzige über das ganze Jahr offene Rummelplatz der DDR, der Plänterwald. Er ist derzeit nicht begehbar, wird aber in Führungen um das Gelände herum vorgestellt.
www.berliner-spreepark.de/events/spreepark-fuehrung

Berlin Story (S. 39)
Nicht weit vom Zollernhof entfernt findet der Besucher eine Buchhandlung, die es sich zum Ziel gesetzt hat, alle Publikationen über Berlin zu führen, die irgendwie erreichbar sind. Von Postern Friedrich des Großen bis hin zu Publikationen über Berlins Stadtplanung findet sich hier bunt durcheinander fast alles.
Unter den Linden 40 • 10117 Berlin • Tel. 030 20453842 • www.berlinstory.de

Clärchens Ballhaus
Wenn Sie gerne tanzen und außerdem der kulinarisch nicht sehr einfallsreichen Berliner Küche zugeneigt sind, dann ist Clärchens Ballhaus für Sie der richtige Ort. Musik und Bouletten sowie jede Menge schräger Vögel trifft man hier.
Auguststraße 24 • 10117 Berlin • Tel. 030 2829295 • www.ballhaus.de

Mauerpark-Flohmarkt (S. 139)

Einer der wohl größten Trödelmärkte Berlins mit angeschlossenen Showeinlagen von Gauklern, Künstlern und Musikern befindet sich im sogenannten „Mauerpark", einem früheren Stück des Niemandslandes der Berliner Mauer. Der Trödelmarkt, auf dem Sie einfach alles finden, was eine solche Einrichtung bieten sollte, hat ganzjährig außer an stillen Feiertagen geöffnet.

Bernauer Straße 63–64 • 13355 Berlin • www.flohmarktimmauerpark.de • So. 9–18 Uhr

Rathenau-Hallen (S. 105)

Einige der ehemaligen Industriehallen in Oberschöneweide haben sich in Künstlerwerkstätten verwandelt. Das trifft u. a. auf die ehemalige Produktionsstätte des Kabelwerks Oberspree (KWO) zu. Ein Besuch lohnt sich.

Wilhelminenhoffstraße 83–85 • 12459 Berlin • Tel. 030 77903020 • kultur-und-technologiezentrum.com/pages/de/home.php

Sogenannte Anarchistische Musikwirtschaft

Wer einer Big Band zuhören möchte, die musikalischen Klassiker der DDR sowie andere „linke" Musik ironisiert und sie doch in ihrer Schönheit zur Geltung kommen lässt, sollte sich unbedingt ein Konzert der Gruppe „Sogenannte Anarchistische Musikwirtschaft" anhören. Die neuesten Termine der Konzerte findet man auf der Internetseite der Band.

anarchistische-musikwirtschaft.de

TrabiWorld (S. 78)

Wer unbedingt einmal in einem Trabant fahren will und erfahren will, wie ein Trabantfahrer Berlin wahrgenommen hat, der kann das bei Touren der Firma TrabiWorld tun.

Zimmerstraße 97 • 10117 Berlin • Tel. 030 30201030 • www.trabi-safari.de

Werbe-Trabi für das Kaufhaus „Ostpaket"
in der Spandauer Straße

Tunnel-Tour Berlin

Seit einiger Zeit bietet die Berliner Verkehrsgesellschaft nächtliche Rundfahrten in einem U-Bahn-Cabrio an, in denen u. a. die Zeit der Teilung der Stadt erklärt wird. Wer genau wissen will, wie die auch im Untergrund geteilte Stadt funktionierte, dem sei die etwa zweistündige Fahrt unbedingt empfohlen.

Tel. (Anmeldung) 030 25625256 (Mo.–Do. 8–15 Uhr, Fr. 8–14 Uhr) • www.bvg.de/de/Service/Berlin-erleben/Erlebniswelt-BVG • April–Okt. alle 2 Wochen, Fr. ab 19 Uhr und ab 22.20 Uhr

Spaziergänge

Strandbad Weißensee

Wer einfach einen wunderbaren Spaziergang im Ostteil Berlins machen und dabei ein paar Kleinigkeiten essen möchte, der sollte unbedingt um den Weißen See herumlaufen und sich dann ins „Strandbad Weißensee“ begeben. In der kühlen Jahreszeit stehen mongolische Jurten zur Verfügung.

Es gibt genügend Plätze zum Ausruhen

Berliner Allee 155 • 13088 Berlin • Tel. 030 9253241 • www.binbaden.com • Sommer: Mo.–So. 9–19 Uhr, Nebensaison (bei schönem Wetter): Mo.–Fr. ab13 Uhr, Sa./So. ab 11 Uhr

Metzer Eck

Ein weiterer wundervoller Spaziergang im Osten Berlins sollte Sie an den Kollwitzplatz führen. Rund um den Platz wohnten in der Zeit der DDR viele der Gründer oppositioneller Gruppen. Wenn Sie ein Lokal suchen, in dem früher die hier wohnenden Bürgerrechtler ihre Verschwörungen verhandelten, sollten Sie das Metzer-Eck besuchen.

Metzer Straße 33 • 10405 Berlin • Tel. 030 4427656 • www.metzer-eck.de • Mo.–Fr. 16–1 Uhr, Sa. 18–1 Uhr

Medien

App „DDR-Diktatur in Berlin"

Die Bundesstiftung Aufarbeitung hat vor einiger Zeit eine App mit dem Titel „DDR-Diktatur in Berlin" herstellen lassen, die auf ein Smartphone herunter geladen werden kann.

itunes.apple.com/us/app/ddr-diktatur-in-berlin/id568864748?mt=8

Berlin mit der S-Bahn erfahren (DVD)

Für Fans der Berliner S-Bahn hat der Rundfunk Berlin Brandenburg eine Serie von Filmen produziert, bei denen alle Stationen auf dem S-Bahn-Ring angefahren werden. Kurze Reportagen schildern ausgehend von den S-Bahnhöfen die Geschichte der Stadtteile und ihre wichtigsten Ereignisse und Sehenswürdigkeiten. Im Sendershop gibt es zudem viele weitere Angebote mit Berlin-Bezug.

www.rbb-online-shop.de

Berliner Abendschau

Die Nachrichtensendung Berlins, die Berliner Abendschau,

zeigt ihren Zuschauern häufig Reportagen über „geheimnisvolle“ oder „vergessene“ Orte Berlins. Viele davon liegen in Ost-Berlin. In der Mediathek des Rundfunks Berlin Brandenburg (RBB) lassen sich diese Beiträge abrufen.
www.rbb-online.de/abendschau

Bildbände

Aktuelle Bildbände mit Fotografien von Ost-Berlin aus der DDR-Zeit (Auswahl) sind: Andreas H. Apelt/Ron Jagers: Hinter der Stille. Berlin-Prenzlauer Berg 1979–1989, Mitteldeutscher Verlag 2013; Eva-Maria Barkhofen (Hg.): Ost-Berlin und seine Bauten, Wasmuth Verlag 2006; Harald Hauswald/Lutz Rathenow: Ost-Berlin. Leben vor dem Mauerfall/Life before the Wall fell, Jaron Verlag 2014; Udo Hesse: Als noch Osten war. Fotografien aus Berlin-Mitte, Prenzlauer Berg und Köpenick in den achtziger Jahren, Berlin Story Verlag 2013; Jens Kegel: Leben in Ost-Berlin. Alltag in Bildern 1945–1990, Verlag Elsengold 2013; Robert Paris: Entschwundene Stadt. Berlin 1980–1989, Mitteldeutscher Verlag 2013; Manfred Paul: Berlin Nordost 1972–1990, Edition Braus 2012. Die Titel sind im stationären und Internet-Buchhandel oder bei den Verlagen erhältlich.
Buchhandlungen: www.visitberlin.de/de/category/702 • www.berlin.de/special/shopping/adressen/buchhandlung/

Internet

Im Internet finden sich diverse Angebote zu Berlin. Hilfreich für die Suche nach Unterkunft, Gastronomie und Unterhaltung ist der Tourismusbereich der offiziellen Berlinseite. Die zahlreichen Museen der Bundeshauptstadt finden sich im Musemsportal. Wer an den letzten Ruheorten der vielen bereits toten Berliner interessiert ist, sollte sich bei der Stiftung Historische Kirchhöfe und Friedhöfe informieren.
www.berlin.de/tourismus/ • www.museumsportal-berlin.de/de/museen/ • http://stiftung-historische-friedhoefe.de/

Literaturempfehlungen

Viele der in diesem Stadtführer erwähnten Bücher sind mittlerweile nur noch antiquarisch zu erstehen. Sie finden Sie in einem der zahlreichen Berliner Antiquariate oder im Internet.

www.berliner-antiquariate.de • www.zvab.com

TV-Dokumentation „Damals in der DDR"

Wer die Dokumentationsfilmreihe „Damals in der DDR" noch nicht gesehen hat, dem sei sie hiermit ans Herz gelegt. Es ist eine der besten Dokumentationen, die auf dem Markt sind. Die DVD von Polyband/WVG ist im Internet und im stationären Handel erhältlich.

www.mdr.de/damals-in-der-ddr/tv-dokumentation/teil1/index.html

TV-Serie „Weissensee"

Wer die mehrteilige Fernsehserie „Weissensee" nicht gesehen hat, sollte dies unbedingt nachholen. Dichter ist in einer Fernsehserie der Alltag der DDR zwischen Partei, Stasi und sonstigen Katastrophen nie erzählt worden. Die DVD von Telepool/KNM ist im Internet und im stationären Handel erhältlich.

www.daserste.de/unterhaltung/serie/weissensee/index.html

Am 4. April 1986 wurde das Marx-Engels-Forum mit den Standbildern von Ludwig Engelhardt eingeweiht

GLOSSAR

BDM	Bund deutscher Mädel
BStU	Bundesbeauftragter für die Unterlagen des Staatssicherheitsdienstes der ehemaligen Deutschen Demokratischen Republik
CDU	Christlich-Demokratische Union
DA	Demokratischer Aufbruch
DDR	Deutsche Demokratische Republik
DFD	Demokratischer Frauenbund Deutschlands
FDJ	Freie Deutsche Jugend
Gestapo	Geheime Staatspolizei
GSSD	Gruppe der Sowjetischen Streitkräfte in Deutschland
HJ	Hitlerjugend
IM	Informeller Mitarbeiter des MfS
KJVD	Kommunistischer Jugendverband Deutschlands
KPD	Kommunistische Partei Deutschlands
KPdSU	Kommunistische Partei der Sowjetunion
KZ	Konzentrationslager
MfS	Ministerium für Staatssicherheit
NS	Nationalsozialismus, nationalsozialistisch
NSDAP	Nationalsozialistische Deutsche Arbeiterpartei
NVA	Nationale Volksarmee
PDS	Partei des Demokratischen Sozialismus
SBZ	Sowjetische Besatzungszone
SDP	Sozialdemokratische Partei in der DDR
SED	Sozialistische Einheitspartei Deutschlands
SMAD	Sowjetische Militäradministration in Deutschland
SPD	Sozialdemokratische Partei Deutschlands
UdSSR	Union der Sozialistischen Sowjetrepubliken
UOKG	Union der Opferverbände kommunistischer Gewaltherrschaft
VEB	Volkseigener Betrieb
VVN	Vereinigung der Verfolgten des Naziregimes
ZK	Zentralkomitee

REGISTER

Admiralspalast *37*
Alexanderplatz *92*
AlliiertenMuseum *47*
Amadeu Antonio Stiftung *149*
Anna-Seghers-Gedenkstätte *59*
Archiv der „Umweltbibliothek" *126*
Archiv der Zentralstelle *97*
Ausstellung Berliner Stadtmodelle *87*
Ausstellung der „Amadeu Antonio Stiftung" *132*
Ausstellung zum Majakowskiring *68*
Berliner Mauerweg *78*
Bezirksamt Pankow *98*
Brecht-Weigel-Haus Buckow *62*
Brecht-Weigel-Gedenkstätte *59*
Bücher- und Bunkerstadt Wünsdorf *34*
Café Sibylle *55*
Centrum Judaicum *130*
DDR-Museum *100*
Denkmal 17. Juni am Finanzministerium *57*
Denkmal 17. Juni am Rosengarten *57*
Deutsches Historisches Museum *50*
Deutsch-Russisches Museum *26*
Dietrich-Bonhoeffer-Haus *140*
Dokumentationszentrum Berliner Mauer *82*
Dokumentationszentrum NS-Zwangsarbeit *106*
Dorotheenstädtischer Friedhof *62*
East-Side-Gallery *82*
Emil-Fischer-Hörsaal *82*
Erinnerungsstätte Notaufnahmelager Marienfelde *57*
Ernst-Thälmann-Denkmal *102*
Ernst-Thälmann-Park *102*
Fernsehturm *92*
FEZ-Berlin *41*
Forschungs- und Gedenkstätte Normannenstraße *siehe Stasi-Museum Berlin*
Funkhaus Grünau *69*
Funkhaus Nalepastraße *69*
Garnisonsmuseum Wünsdorf *35*
Gedenk- und Begegnungsstätte Leistikowstraße *33*
Gedenkstätte der Sozialisten *siehe Zentralfriedhof Friedrichsfelde*
Gedenkstätte Hohenschönhausen *64*
Gedenkstätte und Museum Sachsenhausen *24*
Gedenkstein für die Tagung der KPD am 7. Februar 1933 *75*
Gedenkstein für Sinti und Roma *126*
Gedenktafel zur „Berliner Erklärung" *30*
Gethsemanekirche *139*
Hackeburg *37*
Haus der Demokratie und Menschenrechte *142*
Industriesalon Schöneweide *106*

Jugendwiderstandsmuseum in der Galiläakirche *133*
Kapelle der Versöhnung *81*
Karl-Marx-Allee *54*
Majakowskiring *67*
Marienkirche *90*
Museum am Checkpoint Charlie *82*
Museum in der Kulturbrauerei *78*
Museumswohnung „WBS 70“ *103*
Neues Stadthaus *43*
Nikolaiviertel *127*
Oberschöneweide *105*
Palast der Republik *143*
Parkfriedhof Marzahn *127*
Politbüro der SED *94*
Politbürosiedung Wandlitz *117*
Robert-Havemann-Gesellschaft e.V. *126*
Samariterkirche *111*
S-Bahn-Museum *71*
Schloss Cecilienhof *28*
Schloss Schönhausen *146*
Sophienkirche *92*
Stasi-Museum Berlin *95*
Theater am Potsdamer Platz *151*
Tränenpalast *82*
U-Bahn-Museum *71*
Volkskammer *143*
Waldfriedhof Grünheide *120*
Waldfriedhof Oberschöneweide *106*
Waldfriedhof Zehlendorf *52*
Wanderausstellung „Bruderland ist abgebrannt“ *107*
Zeiss-Großplanetarium *103*
Zentraler Runder Tisch *siehe Dietrich-Bonhoeffer-Haus*
Zentralfriedhof Friedrichsfelde *50*
Zentralkomitee der SED *94*
Zionskirche *123*
Zollernhof *39*

Personen

Biermann, Wolf *108*
Fricke, Karl Wilhelm *97*
Fuchs, Jürgen *121*
– Gedenktafel *123*
– Grab *123*
Hauswald, Harald *132*
Havemann, Robert *82*
– Grab *120*
Heym, Stefan *31*
– Stefan-Heym-Kabinett *33*
Honecker, Erich *114*
Kiowa, Amadeu Antonio *148*
– Gedenktafel *149*
Klemperer, Victor *62*
Lindenberg, Udo *149*
Loest, Erich *41*
Merker, Paul *52*
Sattler, Bruno *66*
Schottlaender, Rudolf *85*
Ulbricht, Walter *72*
– Grab *75*
Weber, Hermann *35*

ABBILDUNGSNACHWEIS

akg-images: S. 22, 31, 44, 48, 59, 73, 74, 76, 94, 161
akg-images/Foto: Sewcz: S. 141
akg-images/AP: S. 124, 140
akg-images/AP/Foto: Rainer Klostermeier: S. 118
akg-images/ddrbildarchiv.de/Foto: Bonitz: S. 40
akg-images/ddrbildarchiv.de/Foto: Grahn: S. 93
akg-images/ddrbildarchiv.de/Foto: Morgenstern: S. 107, 115, 143
akg-images/euroluftbild.de/Robert Grahn: S. 29
akg-images/Gert Schütz: S. 57
akg-images/Nelly Rau-Häring: S. 14
akg-images/Pansegrau: S. 136
akg-images/picture-alliance/dpa: S. 83, 109, 122, 155
Bildarchiv Pisarek/akg-images/Foto: Abraham Pisarek: S. 63
BStU: S. 96
BStU/Heine: S. 20
DDR-Museum, Berlin 2015: S. 100, 101
Dokumentationszentrum NS-Zwangsarbeit Berlin, Hoffmann: S. 105
Kurt Fricke: S. 152, 170, 172, 186
http://commons.wikimedia.org/Deutsche Fotothek/Foto Abraham Pisarek: S. 37
http://commons.wikimedia.org/Foto: Beek100: S. 45
http://de.wikipedia.org/Foto: Angela M. Arnold: S. 113
http://de.wikipedia.org/Foto: A. Savin: S. 129
http://de.wikipedia.org/Foto: Denis Apel: S. 144
Martin Jander: S. 8, 9, 16, 25, 27, 32, 46, 50, 60, 61, 64, 68, 69, 70, 79, 80, 81, 90, 91, 99, 102, 112, 120, 127, 128, 131, 134, 137, 146, 147, 174, 175, 177, 181, 182
Linden-Verlag, Leipzig: S. 42
Robert-Havemann-Gesellschaft: S. 125
Herbert Schulze, Berlin: S. 150
SenStadtUm Berlin, Maren Schütze: S. 55, 56, 87, 88
STADT UND LAND: S. 104
Stiftung Gedenkstätte Berlin-Hohenschönhausen: S. 65
ullstein bild – P/F/H: S. 35

ZUM AUTOR

Dr. Martin Jander, geb. 1955 in Freiburg, Historiker, Dozent und Journalist, unterrichtet Deutsche Geschichte im europäischen Kontext in den Programmen der Freien Universität Berlin (FU-BEST) und der Stanford University (Berlin). Er arbeitet in einem Projekt des Hamburger Instituts für Sozialforschung zur Geschichte des linksradikalen Terrorismus in der Bundesrepublik Deutschland und seiner internationalen Vernetzung. Seine Publikationen und Angebote zu Stadtführungen in Berlin und Potsdam finden Sie auf seiner Website: www.unwrapping-history.de.

Historische Reiseführer durch die DDR

Martin Morgner
Thüringen 1949–1990
Historische Reiseführer durch die DDR

224 S., Br., 115×200 mm, zahlr. s/w- und Farbabb.
ISBN 978-3-95462-237-5
14,95 €

Der historische Führer folgt den Spuren, die 40 Jahre „Realsozialismus" in den drei ehemaligen Bezirken Erfurt, Gera und Suhl hinterlassen haben. Dabei fördert Autor Martin Morgner Erstaunliches zutage: zeittypische Bauten und spannende Biografien, erregende Ereignisse und poetische Hinterlassenschaften eines untergegangenen Gesellschaftssystems. Mit diesem Reiseführer können heutige Zeitgenossen aus nah und fern in Wort und Bild entdecken, was von vier Jahrzehnten DDR-Sozialismus in Thüringen geblieben ist.

www.mitteldeutscherverlag.de